博瑞森图书
BRAGE

企业阅读 本土实践

管 理 · 人 文 · 生 活

新营销

刘春雄◎著

中华工商联合出版社

图书在版编目（CIP）数据

新营销/刘春雄著．—北京：中华工商联合出版社，2018．8
ISBN 978-7-5158-2400-0
Ⅰ．①新…　Ⅱ．①刘…　Ⅲ．①网络营销　Ⅳ．①F713．365．2

中国版本图书馆 CIP 数据核字（2018）第 168064 号

新营销

作　　者：刘春雄
责任编辑：于建廷　臧赞杰
责任审读：郭敬梅
封面设计：赛尚品牌
责任印制：迈致红
出版发行：中华工商联合出版社有限责任公司
印　　刷：北京旭丰源印刷技术有限公司
版　　次：2018 年 9 月第 1 版
印　　次：2018 年 9 月第 1 次印刷
开　　本：710mm×1000mm　1/16
字　　数：258 千字
印　　张：19．25
书　　号：ISBN 978-7-5158-2400-0
定　　价：76．00 元

服务热线：010－58301130
团购热线：010－58302813
地址邮编：北京市西城区西环广场 A 座
19－20 层，100044
http：//www.chgslcbs.cn
E-mail：cicap1202@sina.com（营销中心）
E-mail：gslzbs@sina.com（总编室）

导读

新营销与传统营销的区别是什么?

这个问题一定会有人问。

传统营销在中国的实践形成两套路径：一是品牌驱动；二是渠道驱动。2004 年，陈春花教授提出中国营销“渠道驱动优于品牌驱动”，得到大众认可。

品牌驱动，虽然用“大喇叭使劲喊”概述过于简单，但大抵符合中国实践；渠道驱动，近十多年的营销实践就是深度分销。

品牌驱动与渠道驱动，一个是线上传播，一个是线下推进；一个是市场部职能，一个是销售部职能。两者有联动，但在操作上是分离的。

基于互联网的新营销，其基本逻辑源于三个概念：

一是认知、交易、关系“三位一体”；

二是线下、社群、网络“三度空间”；

三是社群的三大职能，社交、传播、交易，商业化的关键在传播。

认知、交易、关系“三位一体”，意味着没有线上线下之分，传统营销线上线下分离的现象在逐步消失。

线下、社群、网络空间“三度空间”，意味着互联网营销是全网营销，而社群是全网营销的路由器。

社群三大职能，传播是关键，意味着美国专家唐·舒尔茨提出的理想营销模式“整合营销传播”（IMC，全称为 integrated marketing communication），在互联网时代落地了，一切皆为传播。

简言之，新营销与传统营销的区别：一是线上线下一体，给老虎插上翅膀，让陆军变空军；二是互联网传播工具的使用，营销效率更高、更精准。

那么，新营销的框架与传统营销到底有何不同？

第一个变化是概念体系和内涵的变化。

新营销的分析框架是：场景、IP（知识产权，全称为 intellectual property）、社群、传播。

- **场景是产品逻辑**
- **IP 是品牌逻辑**
- **社群是连接逻辑**
- **传播是营销逻辑**

这个框架里，虽然提出了新的概念框架，但明显有 4P（指产品 product，价格 price，渠道 place，推广 promotion）的痕迹。4P 皆传播，典型的就是全套照搬传统营销的分析框架。

我的观点是，**4P 是分析框架，不是理论框架**。营销有 20 多个要素，营销要素不会随着时代改变而变化。对营销的要素进行归纳，最合理且被广泛接受的归纳就是 4P。把 4P 视为传统营销是不对的。

也有人说，为什么不采用“老词新解”的办法？改变公共认知很难，传统营销已经形成了公共认知，与其“老词新解”，不如新概念带来区隔。

第二个变化当然是工具（方法）的变化。从猿到人，一个标志就是人会制造工具，不要认为工具的变化是小变化。

第三个变化就是操作系统、组织系统的变化。拿着大刀，是不会产生拿枪的操作系统的。用传统工具，是不会产生互联网时代的操作系统的。

本书的主要读者对象，是对营销实践有兴趣的人。本书很少从本质角度谈营销，本质是跨越时代的。

本书的着力点是互联网环境下营销的操作逻辑，是互联网时代营销的方法和方法论的变化，是新营销的新框架体系。

本书的写作方式是模块化的，每个章节可以独立成篇，单独发表，综合起来也是一个体系。

这种写作方法的好处就像看电视连续剧，单独看一集也行，连续看也可以。问题是为了照顾每个章节的完整性，有些内容多次重复。

如果你只有 10 分钟时间，只读导读也能够大致了解新营销的基本思想和逻辑。

如果只有一个小时，只读第一章也能够了解新营销的基本框架。

如果想了解新营销的全貌和细节，就要仔细研读全书，而且要多读几遍。

如果要持续追踪新营销的进化，可以进入公众号“刘老师论坛”。最新的新营销观点、实践，将在公众号上发表。

自序

新营销的概念，一直有人在使用，但不同时期内涵不同。

2017 年 6 月，我在实践中提出了基于互联网环境的“新营销”概念。2017 年 11 月在重庆秋季糖酒会上我公开提出新营销框架，用了 5 个月时间。

自提出新营销的框架（场景、IP、社群、传播）后，得到不少营销人的认可，也坚定了形成新营销体系的想法。

2008 年出版《中国式营销》后，我一直处于“空窗期”。刚好，在博瑞森出版机构张本心老师督促下，本书得以完成。

有朋友提议本书叫《中国式新营销》，与 10 年前出版的《中国式营销》呼应；也有朋友提议叫《互联网环境下的新营销》。最后决定简单化，就是《新营销》，因为互联网环境已经是个不用提示、广泛认同的概念。

用新营销这个词，实在是找不到其他概念替代的无奈之举。

历史上有“后工业时代”的说法，现在有“新零售”的说法。大凡冠以“新”或“后”的前缀，说明处于过渡时代。这是过渡时期的命名困境。

“后工业时代”，说明不同于主流的工业时代，但无法用新时代命名，所以冠以“后”的前缀。

“新零售”说明用传统零售已经无法解读，但新的特征、框架还没有建立，只有用老词新解的方法。

如果有人要求准确界定什么是新零售，那是勉为其难。如果真能准确界定，就不会用前缀的方式了，而是会直接提出全新的概念。

一个过渡阶段，一个快速创新、迭代、颠覆的时期，这么做是没有办法的办法。

“新营销”也是如此。

我本科的专业是计算机自动控制，研究生所学专业是生产管理，毕业后从事过生产管理、人力资源管理，1993 年开始从事营销。

中国营销，几乎每五年一个周期。在不同的时期，我都提出过营销转型的概念，这是我 20 多年一直活跃在营销界的资本。但是，2012 年之后，我真的感觉到传统营销无力了，也感觉到转型困难了。2014 年年底，我做了一个决断，在一个公开场合宣布：向传统营销告别。

2015 年和 2016 年是最困惑的两年，要排空存量，吸收增量。我一直在观察新营销的实践，如江小白、小茗同学，直到 2017 年开始新营销的实践，才逐步提炼出新营销的逻辑和框架体系。

现在看来，新营销不是对传统营销的全盘否定，而是给老虎插上翅膀，用新营销激活传统营销。比如，深度分销仍然需要，但需要的是用互联网工具武装起来的精准深度分销。

自 2008 年出版《中国式营销》后，一直没有出版新作。《中国式营销》是对中国传统营销的总结，《新营销》是互联网环境下营销的开启。

在传统营销时代，中国基本没有话语权，营销观点、理论、标杆基本源于西方，源于跨国公司。中国在工业文明时代是追赶型国家，这是必然的，也是正常的。

2013 年，中国的互联网应用开始迎头赶上。虽然中国还没有完成工业文明的追赶，但在信息文明时代，中国已经领先。按照华为创始人任正非的说法，已经进入了“无人区”。

“无人区”的探索难能可贵，“无人区”的实践总结也难能可贵。所幸，已经有一批企业在全面实践新营销，也有一批专家在总结，比如营销专家丁丁老师、牛恩坤老师、方刚老师、张学军老师、于卫红老师，现在已经形成了一个实践新营销、传播新营销的专家群体。本书的多数内容是共同探讨的结果，在此表示感谢！

也感谢提供新营销实践和观察的企业，如江小白、统一、消时乐、优布劳等，他们的实践提供了丰富的素材。

感谢我的太太，我在专心于实践、写作时，就变成了生活的“低能儿”，感谢太太的宽容和无微不至的照顾；也感谢我90后的女儿，她是我观察新生代的标杆，遇到新生代的问题，她是我第一时间请教的对象。

感谢博瑞森出版机构的张本心老师，没有他的持续动员，这本书不会这么快面世。这个时代，还专注于垂直领域的出版，难能可贵。

目录

[第一章]新营销的逻辑

[第二章]场景

[第三章]IP

[第四章]社群

[第五章]传播

[第六章]4P 皆传播

[第七章]新渠道

[第八章]新组织

[附录 1]建立 IP 驱动的营销系统

[附录 2]IP 的人格化与内容的调性

[附录 3]如何引爆 IP

第一章
新营销的逻辑

❶ 新营销的逻辑

传统营销的基本特征是线上传播与线下渠道分离。线上传播形成品牌，线下渠道形成交易。品牌驱动与渠道驱动可以并行。

基于互联网的新营销则不同，线上与线下融合。线上可以传播，也可以交易；线下可以交易，也可以传播。认知、交易、关系“三位一体”。

线上线下融合，三位一体，决定了**流量是新营销最重要的要素**。谁拥有流量，谁就决定了交易的结果。

互联网时代的流量分为独立流量和平台流量。**自 B2C（商对客，全称为 Business to Customer）平台崛起以来，品牌商和渠道商的困境是：平台流量拥有话语权，品牌商和渠道商边缘化。**

新营销，就是让品牌商和渠道商掌握获得独立流量的能力，从而能够与平台商博弈。

新营销，互联网语境的营销

新营销是互联网背景下的营销。要理解新营销，就必须理解互联网。

很多人说，互联网是工具。这话没错。互联网当然是工具，但不是普通的工具。历史上有很多工具是改变世界的工具。

蒸汽机就不是普通的工具（技术）。因为它，世界从农业文明进入了工业文明，英国因此崛起。

内燃机和电力也不是普通的工具（技术）。因为它们，世界从第一次工业革命进入了第二次工业革命，美国、德国因此崛起。

互联网技术出现很早，但移动互联网的普及，使得中美率先进入了信息文明时代。

移动互联，不是普通的技术和工具，而是改变世界的技术和工具，是奠定新文明时代的技术和工具。

农业文明，工业文明，信息文明，文明的递进，就是因为出现了改变世界文明进程的工具。

改变世界文明进程的工具，不仅是代表新生产力的工具，也是改变生产关系的工具。蒸汽机、内燃机、电力，形成的不是机器时代，而是工业化大生产。

截至目前，关于企业经营的相关知识，包括管理、战略、营销等，都是建立在工业化大生产基础之上的。

建立在工业文明之上的经营、管理等方面的知识系统，在20世纪80年代已经达到顶峰。当移动互联网普及，并且进入信息文明，传统战略、管理、营销理论受到实践挑战。

新营销，就是上述背景下的营销探索和总结。

新营销与传统营销

传统营销的4P战术框架，在发达国家演变成1P营销，即产品（品牌）为主导的营销体系。因为渠道的第三方化，品牌商能够运用的资源主要是研发体系和传播体系。4P营销体系，品牌商有主导权的是1P（产品、品牌）。

在中国市场，由于渠道的碎片化，品牌商不得不建立庞大的销售队伍来掌控渠道。所以，**4P的框架体系，在实践中演变成两条路径：品牌驱动与渠道驱动。**

相比于跨国公司的百年品牌，中国的品牌驱动更接近于“品牌传播速成”，所以，“大喇叭使劲喊”成为基本模式，因而央视成为品牌传播的主战场。

因为渠道碎片化，渠道成为重要壁垒，即使有品牌力，在低线市场也难有穿透力。所以，在中国做得好的跨国品牌，如宝洁、可口可乐，都适应中国市场建立了渠道驱动力。渠道驱动，在 2003 年之后主要表现为深度分销。

可以说，中国式营销中，可以缺乏品牌力，不能缺乏渠道力。2004 年，营销管理专家陈春花老师提出中国市场“渠道驱动优先品牌驱动”，形成了营销界的最大公约数。

品牌驱动与渠道驱动，一个空中传播，一个地面渗透。两者有配合，但也相对独立。

互联网带来的改变，就是线上线下融合。早期的融合表现在 B2C 平台，后来是 O2O，现在一切领域均表现出融合的趋势。

线上线下融合，改变了营销的操作逻辑和战术体系。

理解线上线下融合，有两个关键点：

一是认知、交易、关系“三位一体”，不再是线上传播改变认知，线下交易形成关系。

二是线下、社群、网络“三度空间”，形成全网传播、全网营销。

基于“三位一体”“三度空间”营销逻辑的新营销体系，就是新营销。

认知、交易，关系，三位一体

移动互联背景下，原来相互分离的营销环节融合了，典型的就是施炜老师提出的“三位一体”——认知、交易、关系，三位一体。

营销的本质是信息不对称，从而利用信息不对称建立有利的认知。交易和关系发生是认知的产物。

传统营销时代，三者是分离的，传播以媒体为主，交易和关系以线下为主，现在融为一体了。

认知从何而来？认知来源于传播。

农业文明时代，传播靠口碑和面对面交流。

工业文明时代，增加了一项主要传播方式，即大众传播，大众媒体的传播，如电视、报纸、电台、杂志。

信息文明时代，增加了一项无处不在的媒体——互联网。如果说，在商业传播中，传统大众媒体是基本可控的话（付费传播），现在的自媒体时代，互联网传播引爆经常失控。

工业文明时代，传统媒体只负责传播，交易是另外一个系统完成的，比如渠道、终端（零售），即认知、交易、关系总体上是分离的。

现在是三位一体，三者整合。比如，在淘宝、天猫上，三者是同时完成的。淘宝、天猫既负责引流（建立认知），同时又下单（交易），交易完成后还能够建立更直接的关系。

认知、交易、关系三位一体，这是互联网环境的营销不同于传统营销之处。

新营销，掌控独立流量

在上述逻辑中，传播、认知是决定性的，传播和认知产生的结果，称为流量。**交易和关系是流量的衍生物。**

互联网时代的流量，分为平台流量和独立流量。

阿里“双 11”的交易量那么大，因为阿里的平台流量足够大。这个道理与传统 KA 是一样的。过去，沃尔玛的流量也是平台流量，但即使是世界500强之一，沃尔玛的流量与互联网平台相比也很小。

信息文明时代，既是去中心化的时代，如传统媒体、传统KA就是工业文明时代的中心；**也是超级中心化的时代**，如三大流量平台BAT，腾讯拥有社交流量，百度拥有搜索流量，阿里拥有电商流量。

平台时代的格局是721，即龙头平台占有70%的流量，追随平台占有20%的流量，其他平台占有10%的流量，流量集中度更高了。

一旦平台拥有了绝对流量，就会成为流量分配者。尽管马云有"让天下没有难做的生意"的梦想，尽管淘宝在初期是免费的，尽管淘宝曾经在初期给"淘品牌"大量引流，但阿里不可能对所有商户如此，更不会永远如此。它最终一定会变成流量分配者，谁出价高，流量就会导向谁。

如果没有赋能，完全竞争条件下的流量竞价，必然导致所有参与者的利润之和为0。

这与商业理想无关。这是平台商业的必然格局。

因此，互联网时代的商业还需要另外一种流量，我称之为独立流量。

依赖平台流量，只会成为平台的附庸。

在B2C平台上，传统品牌的悲哀，就在于空有品牌，没有独立流量。这正是阿里、京东等平台上商户的尴尬，也是传统营销在互联网时代的尴尬。

IP是流量指数

在传统营销中，品牌是品牌商与渠道商和供应链博弈的筹码。

进入互联网时代，品牌会直接转化成流量吗？

营销专家苗庆显说："IP一定是品牌，但品牌不一定是IP。"这里，

IP 可以视为流量的同义词。

互联网时代，厂家博弈平台的筹码是什么？是独立流量。

什么是独立流量？就是厂商可以操控的流量。

江小白 2016 年 8 月在某电商平台上架，当天交易额居同品类第一。其他电商平台立即关注，江小白没有采用电商惯用的导流手段，没有降价、促销，那么，是什么保证了江小白的交易额呢？是它掌控了独立流量。

对厂商来说，没有独立流量就如同传统时代没有品牌一样。

所以，对独立流量的重视，要与传统时代重视品牌一样，甚至还要过之。因为传统时代，渠道还能够自带流量，渠道驱动在某些时候还能让品牌驱动失效。

互联网时代，渠道驱动力大大下降，剩下的只有流量驱动力了。

独立流量源于传播

没有独立流量，就只能依附于平台，依赖平台流量花钱从平台购买流量，而且必须参与竞价。

有了独立流量，即使入住平台，也能为平台贡献流量，是能够与平台博弈的。

因此，互联网时代，企业必须掌控独立流量，即企业自身能够引导的流量。

那么，**独立流量从何而来？从传播中来。**

当然不是从传统媒体的传播中来，而是从互联网传播中来。**因此，传播是新营销的核心。**

我提出了“4P 皆传播”的概念。“4P 皆传播”，就是营销的主要要素都有传播属性，营销的所有活动都有传播性。

怎么才能让营销的主要要素都有传播性呢？我又提出了新营销的四个关键词：场景、IP、社群、传播。前三个关键词，都是为传播创造条件。

上述所有工作，都是为了创造独立流量。

三度空间，全网传播

施炜老师提出互联网时代的三个空间维度，即线下、社群、网络空间，三度空间。

三度空间，均有传播属性，即使到线下，仍然自带流量，仍然可以是传播的发起者。

传统的线上线下是分离的，主要是没有连接的“路由器”。**在三度空间里，社群就是连接的路由器。**

社群可以连接线下，社群也可以进入网络空间。通过社群，线下可以有组织地进入网络空间。小众平台，也可以通过社群聚集、发酵，从而引爆。

从线下到社群，扩大了社交半径，提升了传播效率；从社群进入网络空间，可以再次提升传播效率。经过两次传播放大，传播效率会更高。所以，**社群既是三度空间的路由器，也是有组织传播的放大器。**

前面阐述过，认知源于传播，传播产生独立流量，而有组织、受控的传播，就是通过三度空间进行全网传播。

打通三度空间，意味着传统的销售部门（陆军，地面部队），可以同时承担市场部（空军，传播部门）的职能，这是营销组织上的线上线下融合。

社交流量，流量之源

网络空间的传播是非受控传播，即使有大量商业引爆的传播，仍然难以找到复制的模式。

新营销，需要有组织先后进入传播，**源于社交流量的传播，可以是有组织的。**

社群是互联网重要的发明，如前所述，它是三度空间的路由器，同时，也是流量之源。

社群把线下社交结构整体迁移到线上，而且社交半径比线下扩大了，而社交是人类的天性。

社群有三大职能，即社交、传播、交易。社交衍生传播，传播衍生交易。当然，交易并不必然发生在社交平台，只要传播产生独立流量，交易可以在任何平台发生。

碎片化的渠道是中国的特色，相当长时间内仍然是中国特色。应对渠道碎片化，中国企业建立了庞大的营销队伍。营销岗位是中国仅次于农民、服务人员、产业工人、白领，就业数量居第五位的职业。

中国人对社交网络的依赖在世界排名前列，这个中国特色决定了社群在全网传播中将发挥重要作用，因而建立社交传播矩阵，也将是营销部门的基础工作。

新营销框架：场景、IP、社群、传播

本书中，我有时沿用传统营销的框架，比如“4P 皆传播”，同时也提出了新营销的新框架（场景、IP、社群、传播），并且新框架还得到

很多人认同。

这是我内心的矛盾之处。不提出新框架，无法与传统营销区隔；不用4P框架，很多人看不懂。最后采取了折中办法。

好在我在4P框架与新框架之间建立了对应关系：

场景是产品逻辑，IP是品牌逻辑，社群是连接逻辑，传播是营销逻辑。

为什么要提出新的概念，而不是老词新解？因为要赋予所有营销新要素以传播元素。

在场景中不仅要发现需求，也要发现可供传播的情绪。

IP不仅是品牌逻辑，也是人格化的自主传播势能。

社群不仅是社交工具，也是传播的连接武器。

新营销的逻辑

新营销就是下列一组词的逻辑关系递进：传播要素（场景、IP、社群、传播）→三度空间→传播→认知→流量→交易→关系。

互联网时代，认知、交易、关系，三位一体。认知产生流量，流量产生交易，交易衍生关系。

认知怎么产生？认知靠传播。**传播的结果是：认知大于事实。**

传播和认知产生的结果，就是流量。流量分为平台流量和独立流量，要么购买平台流量，成为平台的附庸；要么创造独立流量，自主引流。

要自主引流，就必须做好传播。互联网时代的传播是全网传播，线下、社群、网络空间，三度空间的全网传播。其中，社群是三度空间的路由器、传播的放大器。

互联网时代的传播，付费传播不再是主体，而是自主传播。要让自主传播发生，就要在所有营销环节、营销要素上赋予传播属性。

新营销的基本框架，场景、IP、社群、传播，都要赋予自主传播属性。

在新营销的逻辑框架中，传播是核心。新营销词汇，都与传播有关。

营销的本质是信息不对称，而信息不对称恰恰源于传播。

互联网作为工具是干什么的？就是传播信息和符号的。所以，**互联网是新营销的天然工具。**

❷ 链接：中国传统营销的逻辑

营销的4P分析架构，在西方发达国家演化为1P（产品、品牌）营销；在中国演化为品牌驱动和渠道驱动，而且渠道驱动优先品牌驱动。

中国营销中有一个独特现象：品牌与渠道双轮驱动可以成功，渠道驱动单轮驱动可以成功。唯独品牌驱动单轮驱动很难长期成功。

中国渠道的碎片化，决定了渠道驱动是中国营销的必要条件。除非企业专注于中心城市市场。但是，仅仅渠道驱动单轮驱动也能成功，还是让不少人很困惑。

这种现象，在营销实务人员中讨论较多，营销理论界较少讨论。施炜老师关于互联网时代“三位一体”的观点提示我们，传统渠道也存在另一种形态的“三位一体”——关系、认知、交易三位一体。

渠道驱动单轮驱动能够成功，正是传统营销线下“三位一体”的逻辑在发挥作用。这为“中国式营销”重视渠道驱动找到了新的逻辑依据。

品牌驱动的认知来源是大众传播，渠道驱动的认知来源是传统渠道“三位一体”，新营销的认知来源于“三度空间”实现的全网传播。

可以说，认知来源才是营销的驱动力，认知是信息不对称的结果。

认知的信息来源

近两年，针对互联网带来的营销改变，营销界有人提出，营销的本质没变。

没错。从农业文明时代，到工业文明时代，再到信息文明时代，营销的本质没变，仍然是信息不对称。

农业文明时代，由于信息传递工具不发达，**“地理距离”成为信息不对称的主要因素**。商人“出差”几个月、几年，甚至几十年，所以才有文人“商人重利轻别离”的感慨，实在是距离越远，信息越不对称，利差越大。在中国，商人主体是流动的社会边缘人。“晋商”的崛起，就是“走西口”的结果。

工业文明时代，出现了大众媒体。首先产生巨大影响力的是电台。直到现在仍然有一个词汇源自约100年前开始在美国普及的电台——肥皂剧。

有人以为，肥皂剧指的是泡沫剧，只求搞笑，没有深度。其实，肥皂剧源于20世纪30年代，宝洁公司在广播节目中播放的肥皂广告，因此把那个时段的节目称为肥皂剧。这是比较早利用大众传播打造品牌的案例。

大众传播在营销中的重要性，因此得到重视，特别是作为打造品牌的有效工具。

营销界有一句名言：认知大于事实。大众传播作为快速改变认知的工具，得到高度重视。

工业文明时代，因为大众传播的出现，“地理距离”形成的信息不对称接近消失，而**由于信息传播带来的信息不对称强化了**。

品牌之所以有力量，就在于它通过传播改变了认知。

品牌驱动与渠道驱动

在中国，营销界曾经出现过“品牌驱动”还是“渠道驱动”的论争。

针对当时营销界品牌驱动的主流观点，一部分本土营销实践者特别强调渠道驱动，我是其中之一。并非我反感品牌驱动，而是中国渠道的碎片化决定渠道驱动的重要性。

在中国的中心城市，因为 KA 占据主流，消费者自选为主，所以，品牌驱动更明显。

在中国的通路市场，因为小终端占主导，小终端与社区居民有互动关系，所以，渠道驱动占主导。

渠道驱动为什么能够成立？因为渠道自带流量。终端老板与附近居民是熟人，生活圈与商圈高度重叠，推荐有天然优势，与 KA 的自选不同。

所以，渠道驱动的产品，我们也可以视为渠道品牌。一般讲品牌，指的是 C 端品牌，渠道品牌是 B 端品牌。

如果说 C 端品牌是消费者首选，那么 B 端品牌就是店主首推。

在中国低线市场做得好的品牌，要么是渠道驱动，要么是品牌驱动与渠道驱动的双驱动。在中国做得好的跨国公司也是如此。

中国传统营销有两条逻辑线：

第一条逻辑线是品牌线，大众传播改变认知，塑造品牌。尽管这种说法过于简单，会遭到一些品牌论者的质疑，但实际上，中国品牌基本上是速成品牌，大众传播起着主导作用。因此，施炜老师形象地比喻过去的品牌模式，就是拿着“大喇叭”喊一喊。“喇叭”越大，喊的时间（投入）越长，效果越好。

第二条逻辑线是深度分销。因为渠道链长、碎片化，所以必须通过深度分销直达终端，与终端建立关系，利用终端的推荐能力，发挥“首推”的优势。

跨国公司以第一条逻辑线为主，在中国要向第二条逻辑线妥协。中国企业必须两条线兼顾，因为交易是在渠道发生的。

传统渠道的“三位一体”

在中国传统营销里，我一直非常另类。我不否认品牌的重要性，但也提出过“不是品牌也畅销”“品牌不能当饭吃”“以销量破解强大品牌，以销量托起强大品牌”等在营销界相当另类的观点，我是渠道驱动的坚定支持者和实践者。

《中国式营销》表达的就是上述思想和实践。

回顾起来，当时实务操作虽然非常有效，但还是没有搞清楚渠道驱动的真正逻辑。施炜老师的三位一体，勾起了我的回忆，其实中国传统流通渠道就是三位一体，关系、认知、交易三位一体。

互联网时代的三位一体，认知、交易、关系，三位一体。认知在前，交易在后，关系在交易之后。认知是互联网传播产生的。

传统渠道的三位一体，关系、认知、交易，三位一体。关系在前，认知在后，交易在认知之后。

虽然都是三位一体，但三者的顺序不同，逻辑也不同。

传统渠道是熟人圈子，关系早已建立，而且多数是生意圈子与生活圈子重叠。以生活圈子而言，是熟人；以生意圈子而言，是熟客。

既然关系早已建立，那么，店主的推荐，哪怕是新产品，也容易获得消费者认同。这与纯粹的传播产生认知不同。渠道认知建立在人的认同基础上，所以，推荐简单有效，容易达成交易。

深度分销与“三位一体”

1997 年至 2003 年，渠道的主题是市场重心下沉，从“省代”到“市代”，再到“县代”，最后确立了以县为基本营销单元。

市场重心下沉，正常情况下能够带来连续两年销售 20% 以上的增长，因为重心越下沉，渠道渗透率越高。

2003 年之后，渠道的主题是深度分销，直至 2013 年达到顶峰。初期，深度分销的效果是提升铺货率，后期是能够做终端推广。比如，统一老坛酸菜的崛起，终端推广功不可没。

深度分销那么有效，其逻辑是什么？用三位一体解释很圆满。因为终端是三位一体的，所以，只需要通过深度分销，让终端店主建立认知，那么，店主就能够通过三位一体，完成交易。

“不是名牌也畅销”“不做品牌做销量”，这样似乎与正统营销理论相悖的观点能够成立，恰恰就是因为传统渠道的终端“三位一体”，利用了“三位一体”。

也正因为三位一体，所以，渠道品牌（现在称 B 端品牌）可以对抗消费者品牌（现在称 C 端品牌）。

两个“三位一体”的重叠效应

现在是传统营销到新营销的过渡时期，传统渠道的“三位一体”的营销逻辑仍然成立，**“首推效应”仍然存在**。

互联网在渠道的应用在增长，互联网的“三位一体”的逻辑也成立。如果两个“三位一体”叠加，会是什么效果？2017 年，我在部分企业的新营销实践已经验证，引爆市场的速度比想象的快得多。

❸ 新营销战术框架

营销 4P（产品、价格、渠道、促销）是分析框架，也是战术框架。哪怕没有营销实践经历的学生，按照 4P 框架也能分析得像模像样。

新营销也需要这样的分析框架和战术落地框架。**新营销的四个关键词是：场景、IP、社群、传播。这四个关键词构成了新营销的战术框架。**

场景是产品逻辑，IP 是品牌逻辑，社群是连接逻辑，传播是营销逻辑。

其中，**传播是新营销的核心概念，用场景、IP 和社群替代 4P，而不是直接用 4P 框架，就是因为它们均与传播相关。**

场景中的情绪是传播的内容创意源泉，IP 是自带传播势能的人格化标签，社群是打通三度空间，实现全网传播的路由器。

新营销的框架体系，最后实现的是“一切皆可传播”，用传播改变认知，形成交易和关系。

场景

场景是新营销的产品逻辑。

场景研究，意味着营销不仅要研究消费者，还要研究消费者在不同场景的需求。同一个消费者，在不同场景的需求是变化的，如同喝酒，可以是白酒、红酒、葡萄酒、啤酒、调饮酒等。

以我目前实践新营销的体会，**一个好产品必须达到三个标准：有粉丝，有传播性，有场景。**

粉丝不一定是消费者，但一定是支持者，支持的主要表现是通过传播影响他人。一款产品，不怕有人黑，就怕没粉丝。“有黑有粉”是小众产品典型的特征。比如，有些做茶的说“喜茶和小罐茶不懂茶”，有些做酒的说“江小白不懂酒”，但并不妨碍他们有大量粉丝。

赢得粉丝喜爱，不讨好所有消费者。做少数人的首选，不做多数人的第二选择、第三选择。这是产品粉丝化的基本要求。

粉丝的支持表现为传播，如果产品本身有传播性，就更加有利于传播。所以，**给产品赋以传播属性，就是互联网环境下的产品研发的新要求。**

产品要有场景，即假设消费者在什么环境下消费，如何与消费场景协同。江小白“拾人饮”就是互联网创业企业的“团建酒”，“团建”就是“拾人饮”的场景。传统中国茶的场景是家庭和办公场所，而小罐茶的场景是出差旅行等移动场景、方便场景。

产品的场景逻辑，还表现在场景是有特定情绪的，而情绪具备互联网传播性，是互联网传播内容生产的内容源泉。

场景对新营销的重要性，可以从四个角度理解：场景商机、场景标配、场景情绪、互联网新场景。

第一，场景是消费洞察后的新商机。

先举两个场景化的例子。

小罐茶 2017 年很火，有近 10 亿元的销售额，成立两年即进入中国茶叶第一阵营。如果不是受产能限制，销量可能会更大。

有的老茶人不服，认为不就是换个小包装吗？其实，那是没理解小罐茶的场景逻辑。

小罐茶的产品逻辑，就是发现了一个新场景：外出旅行怎么方便地喝好茶。小罐茶的创始人杜国楹是个茶友，出差带茶不方便，所以他发现了一个新场景：小罐方便携带，一罐就是一泡，方便。

相比仪式感很强的工夫茶、茶文化，**小罐茶的产品逻辑是：方便喝好茶。**

这是一个巨大的商机，是提升整个行业空间的巨大机会，是一个可以与家庭、办公场所和茶饮店并列的大场景。

再以江小白为例。**江小白的场景是“四小场景”：小聚、小饮、小时刻、小心情。**江小白提供的是“新生代场景解决方案”。既然是新生代场景，那么对产品的需求就与老酒友不同。一个新生代表示，传统白酒场景是“海喝”，新生代场景是“嗨喝”。场景不同，对品质特征的要求也不同。

场景，指戏剧、电影中的场面。**营销角度的场景研究，不是研究产品的核心功能，而是产品的表现形式，以及产品如何与消费者发生联系，形成体验，表现情绪，获得满足。**

吴声在《场景革命》里有这样两句话：“这是一个由所有人的小时代组成的大时代，流行更加网格化。”“一个引爆场景对于另外特征的社群可能意味着无感、漠然、可忽略。”

场景细分正在替代客情细分，成为新的细分主要方式。新产品，不再瞄准大众和特定人群，而是特定场景。

客情细分，研究特定人群的所有需求；场景细分，研究所有人群的特定需求。

客情细分假设：人在不同的时间、场景有相似的需求；场景细分假设：不同的人群在相同的场景有相似的需求。

传统营销的某些成功案例也可以用场景解释。比如雀巢和麦氏咖啡，同期进入中国，刚开始势头都不错。但雀巢发现了两个重要的咖啡消费场景：一是礼品，二是茶歇时间。特别是茶歇时间，雀巢咖啡已经是标配了。中国没有咖啡文化，但是可以占领特殊场景，礼品装和小袋装雀巢，就是基于场景的产品逻辑。

第二，场景标配是场景营销的最高境界。

王老吉成为“火锅标配”，红牛成为“出长途标配”，可口可乐是“西式快餐标配”。

场景标配就是，只要进入特定场景，马上想起它。用定位理论的原理描述就是：**占领特定场景的消费心智。**

成为特定场景的第一选择，而不是“备胎”（第二选择、第三选择），这就是场景营销的目标。

第三，场景情绪是互联网传播的内容创意之源。

场景有情绪，情绪可传播。在场景中，喜怒哀乐都是情绪。

以场景情绪生成传播内容，是内容生产持续的创意源泉。江小白的表达瓶、文案就表达了场景情绪。

情绪满足，这是在丰裕时代满足消费者的方式。发现场景情绪，形成情绪化体验，获得心理满足。有时候，贩卖的不是产品本身，而是沉浸在场景中的情绪。

不同的品类，表达的情绪属性不同。白酒表达的是情绪，饮料表达的是情趣，礼品表达的是情谊。这就是场景情绪发现。

第四，互联网场景的本质是占用时间。

场景的本质是时间占有，而手机正在占有更多的时间。

移动互联网的普及，使手机成为线下场景进入虚拟场景的入口。“世界上最远的距离，不是生与死的距离，而是我就在你面前，你却在玩手机。”

以前，相同的时空就在相同的场景。现在，是每个人在相同时空却在不同的场景。玩手机的时间有多长，在虚拟空间的时间就有多长。

互联网的应用场景，总体来说可以分为两类：

一是超级入口，比如微信、QQ、视频、游戏等；

二是支付场景，比如阿里、京东、拼多多、美团、滴滴、共享单车等。

随着互联网应用技术的发展，新场景还在不断增加。

IP

IP 是新营销的品牌逻辑，IP 就是适合在互联网上自主传播的品牌。有些传播品牌的困境就是不适合在互联网上传播，从而造成“落伍”的印象。

IP 原本是娱乐动漫领域的词汇，比如米老鼠成功了，可以授权进行衍生产品开发，这就是 IP 授权。

把互联网崛起的一批红人称 IP，因为他们自带流量。这是 IP 外延的第一次延伸。现在 IP 进一步延伸到一切自带势能的人格化标签，比如品牌、产品、个人。所以，现在所指的 IP 是泛 IP。

检验是不是 IP，就是看是否有人在社交媒体谈论它。所以，微信指数也可以间接视为 IP 指数。

从新营销角度理解 IP 有几个维度：社交货币、品牌逻辑、IP 矩阵。

第一，IP 是互联网社交货币。

IP 是互联网自主传播能量。IP 为什么能够自主传播、自带流量？因为 IP 是互联网的社交货币。

社交货币就是社交话题、谈资，不是付费传播，而是人们主动谈论它、传播它。因此，IP 必须有强大的内容力，持续提供新鲜话题。

IP 的传播与时尚的流行符合相同的逻辑，都是发端于小众，跨界传播，然后大众流行。所以，IP 的发端必须具备两个特征：一是人格魅力，哪怕是产品，也要赋予人格魅力；二是偏执、狂热。越是成为小众的首选，越具备成为IP的潜质。

第二，IP是新营销的品牌逻辑。

IP就是互联网语境的品牌。IP是天然的品牌，但品牌不一定是IP。

NIKE是传统品牌，不是超级IP，但NIKE与篮球明星乔丹的联名款Air Jordan（简称AJ）是超级IP。这是因为AJ传承了乔丹的魅力人格。

维持NIKE品牌要付费传播，而AJ自带流量。

第三，企业平台需要IP矩阵。

宝洁奠定在洗化业的位置，就是因为它的品牌群，或者说品牌矩阵。IP作为互联网语境的品牌，也需要IP矩阵。

IP矩阵包括：

一是产品IP，每个产品都是一个IP。每个产品都有独立的人格特征；

二是创始人IP或经理人IP；

三是品牌化IP。

江小白的创始人陶石泉是IP，江小白品牌是IP，江小白的每款产品也是IP。

巴奴毛肚火锅的创始人杜中兵是IP，巴奴品牌是IP，巴奴的十多款大单品也是IP。

社群

社群是打通线上线下的路由器：

从线下到线上，社群是放大器；

从线上到线下，社群是漏斗，筛选出来的是金子。

营销的核心问题是认知问题，认知源于传播。大众传播简单有效，但门槛太高；口碑传播又太慢。通过社群打通三度空间，实现线上线下社群“全网传播”，传播效率将会大大提高。

社群，恰恰是连接线下线上的路由器。

微信、QQ 都是社群性质的新媒体。**社群是社交关系的线上整体迁移，是社交结构在互联网上的再现。**

社群在新营销中的价值极为重要。

对社群的误用，一是封闭社群，不让社群沾染商业气息。其实，社群作为社交关系的放大，它的价值恰恰在于半开放。因为半开放，所以能够从开放中获取能量；

二是客户群的过度商业化，比如微商，商业破坏了社交关系。

社群在新营销中的价值，要从三方面理解：三度空间的路由器；流量之源；粉丝聚集地。

第一，社群是三度空间的路由器。

即使互联网出现后，线上线下仍然是分离的，直到社群出现后，才可以线上线下有组织地导流。

线下、社群、网络空间，这是三度空间。新营销的全网营销，就是要打通三度空间，把传播的能量发挥至最大，而且只要打通了三度空间，传播就变得有组织、可预期。

社群不仅是线下社交结构的迁移，而且有放大效应。微信朋友圈的朋友数是电话号码簿的 5 ~ 10 倍，从线下向社群导流是可能的。

从社群向网络空间导流，让传播放大是可行的；或者从网络空间把 KOL（意见领袖，Key Opinion Leader）向社群导流，形成漏斗效应，都是可行的。传统 PC 时间，没有全网营销。真正打通三度空间，还真少不了社群这个路由器。路由器既是连接器，也是放大器。从线下到社群是一次放大，从社群到网络空间是二次放大。

正因为有社群这个三度空间的路由器，传统的线下已经与线上融为一体。“陆军变空军”，销售队伍也是传播队伍，销售部承载市场部职能，都是因为社群在三度空间里的连接和放大作用。

第二，社群是流量之源。

前面讲过，IP 要成为社交货币。社交是人类社会的天性，不过，传统社交虽然也有传播能力，比如口碑传播，但毕竟效率很低，传播速度慢。社群的出现改变了这一切。

社群有三大功能：社交、传播、交易。其中，社交属性是社群的天然属性；社交属性必然衍生传播属性；传播属性必然衍生交易。

强社交，中传播，弱交易。这是对社群三大功能的总结。

把 IP 打造成社交货币，便于在社群传播，传播就获得了持续的流量源。

第三，社群是粉丝聚集地。

大 V、IP、KOL、粉丝等，这些在传播上有影响力的资源是稀缺的，在地理上是分散的。无论是线上还是网络空间，把这些有影响力的力量组织起来就极其困难，而利用社群并不困难。

精酿啤酒优布劳在邯郸的新营销实践表明，在 2 万个粉丝中，有 100 个 KOL，这 100 个 KOL 的传播能量很大。如何协同这 100 个 KOL，让他们的传播发挥协同效应，社群是最佳场景。

传播

营销的本质是信息不对称。通过传播，改变认知，认知决定了消费行为。

可以说，营销是一场认知战，在互联网时代表现为传播战。

传统传播是强化记忆式的持续传播，达到传播临界点后引爆。**互联网传播是自主传播，受众可能也是再传播的发起者。**

“集体围观，瞬间击穿”是互联网传播常见的现象。引爆速度之快，可能想象不到。达到引爆点后，迅速进入传播“头部”，吸引大量围观者。因此，互联网传播引爆有“一夜爆红”的特点。

研究互联网传播，要关注几个关键点：

一是交叉覆盖；

二是结果只有0或1；

三是1990效应；

四是传播矩阵。

第一，互联网传播引爆是交叉覆盖的结果。

利用大数据定向传播，对于互联网早已不新鲜。但是，利用互联网技术在局部市场定向引爆却在实践中鲜见。我在实践中观察到，可以预期的引爆，一定是信息交叉覆盖的结果。

交叉覆盖，就是一个受众同时从多个信息源收到相同或相似的信息，哪怕是商业信息，也会关注。如果一个区域内的多数受众都受到相同信息交叉覆盖，瞬间引爆的可能性就比较大。

第二，信息传播的结果，要么是0，要么是1。

互联网传播引爆，在引爆的临界点会引爆大量围观者。如果形成集体围观，就会引爆。如果没有集体围观，就悄无声息。所以，**互联网传播，要么引爆，要么哑炮；要么结果是0，要么结果是1。没有中间状态。**

第三，受控的传播引爆符合1990效应。

1990效应，就是1%的KOL，吸引9%的粉丝；9%的粉丝，引爆90%的关注者。

精酿啤酒优布劳2017年在邯郸有2万用户，而真正的KOL只有100多人。正是这100多人的KOL发挥了核心作用。在优布劳的社群活动中，拉新→激活→活跃→留存→邀请，这是一个基本步骤，这个步骤的核心除了增加用户，就是筛选KOL。

第四，建立传播矩阵

互联网传播引爆的案例很多，但多数都有传播色彩。传奇，通常意味着难以复制。难以复制的成功无法模仿。

可预期、可复制的传播引爆，大约有三条路径：

一是打造产品属性的 IP；

二是自有媒体属性的 IP 传播；

三是建立传播矩阵。

三度空间，线下、社群、网络空间均可以建立传播矩阵。

线下销售队伍和渠道商可以是传播矩阵的一部分，成为传播的发起者，而且是天然的 KOL；

通过线下 KOL，建立直达 C 端的社群，也是传播矩阵的表现形式；

通过在微博、视频社交 APP、推荐引擎等新媒体发布传播，也是方式之一。

❹ 4P 皆传播

4P 皆传播，让传播无处不在

营销的核心在认知，认知源于传播，传播改变认知。

让传播无处不在，这是传播很高的境界，实现的方式就是“4P 皆传播”。

让传播无处不在，要求所有人员都是传播者，包括内部员工、分销渠道成员，以及与企业有利益关联的利益相关方。

让传播无处不在，要求所有的营销活动，都有传播价值。除了活动本身的价值外，活动本身要形成二次传播。

让传播无处不在，要求产品、品牌甚至老板自带传播势能。

4P 皆传播，这是我早期推广新营销时常用的说法。4P 的说法是所有营销人都能理解的，而传播又是新营销的核心。这是一个兼顾双方的表述方式。

传播是营销的核心

无论是传统营销还是基于互联网的新营销，传播都是营销的核心。

尽管我们把传统营销分为品牌驱动和驱动渠道，其实这只是传播工具的不同。品牌驱动是大众媒体展开的传播，深度分销所代表的渠道驱动，本质上是以人际关系方式开展的传播。只不过大众传播是“一对多”传播，速度快；人际传播是“一对一”传播，速度慢。

商业活动是传播改变认知的结果，传播是营销的核心。

互联网时代，一切商业表现为流量。平台流量是平台传播的结果，独立流量是品牌商传播的结果。

如果说谁掌控了流量，谁就把握了商业的主动权的话，那么，谁懂得传播，谁就把握了流量的主动权。

互联网提高了人际传播效率

互联网时代，人人都是自媒体。

意味着传统的人际关系传播，不再表现为“一对一”传播，也可以表现为“一对多”传播，传播效率提高了。

比如，过去的口碑只是说给身边的少数人听，表现为“一对一”传播，现在则可以在社交媒体上“晒一晒”，表现为“一对多”。

过去做一场推广活动，只影响少数参与者、购买者，现在可以通过社交媒体影响更远、更多的人。

人际关系传播表现为“一对多”，这对营销是极大的改变。过去向大众媒体投放巨资才能做的大众传播，现在通过人际关系和社交媒体也能做了。

整合营销传播，所有接触点都是传播点，可以细水长流、润物无声，也是因为“一对一”传播速度慢。现在可以通过“一对多”的方式，通过聚积足够多的人，实现同频共振，能够在短期内快速引爆，表现为“集体围观，瞬间击穿”，其引爆速度可能比大众媒体传播更快。

4P 是万能分析架构

“4P 皆传播”，沿用了 4P 的说法。有人可能质疑，新营销怎么还用 4P 的说法呀？即使在传统营销，4P 也是很多人批评的靶子。

营销界很多人对 4P 有误解，认为 4P 是营销理论。**其实，4P 是营销分析框架。**

营销有 20 多个要素，无论何种时代，营销的基本要素不会变，但重要性、组合方式一定会变。这就像物质无论怎么组合，但基本元素不会变一样。

20 多个要素，显然不便于分析。因此，需要归纳、提炼，这是一个基本方法论。

麦肯锡一位专家曾经为此专门写过一本书。记住 1 个问题，很轻松；记住 3 个问题，很正常；记住 5 个问题，少数人有难度；记住 7 个问题，多数人有难度；记住 9 个以上问题，多数人做不到。

5 个以上问题，一般会分层次，就需要归纳。

4P 是一个包含约 20 个营销要素的分析框架。4P 只是第一层，还有第二层，围绕 4P 形成两层架构，基本包含了 20 多个营销要素。

科特勒的《营销管理》是教科书，教科书不是提出自己的理论，而是为每一个营销理论“找到一个存放它的货架”，**4P 就是这样一个营销理论的货架。**

我曾经说，4P 是营销的“万能分析框架”，而且是一个已经形成公共认知的分析框架。沿着 4P 分析框架展开，符合公共认知。

整合营销传播（IMC）

营销即传播。这不是我的首创，是整合营销专家唐·舒尔茨的原创。唐·舒尔茨的“整合营销传播”（IMC）有几个关键词：

一是所有接触点。消费者与企业的所有接触点都可以作为信息传递的渠道。

二是信息流。传播信息是营销中最核心的工作。

三是传播一元化。用一个声音说话。每一条信息都应使之整体化和相互呼应，以支持其他关于品牌的信息或印象。

四是互动。唐·舒尔茨提出了一个传播模式：宣传、接受、认知反应、态度、意图和行为。传播者与受众是互动的，品牌根据消费者的反应、态度再进行一个传播。

整合营销传播条件有设定的边界，如精确区隔、互动传播、接触点即渠道、消费者态度，这些在传统时代很难达到，而现在简直就是为互联网量身定做的。

整合营销传播是很好的思想，它让营销浑然一体。也正因为浑然一体，在传统营销时代操作落地也极其困难，能得其精髓者极少。

20 多年前唐·舒尔茨创立整合营销传播（IMC）理论。2002 年，著名营销专家屈云波在中国推广 IMC，但很难为中国营销界接受。

整合营销传播是理想化但却不讨巧的理论。说它理想化，是因为它还原营销为一个整体，直击营销的本质（传播）；说它不讨巧，是因为在传统营销时代缺少简单有效的工具。

互联网是 IMC 的天然工具

移动互联应用于营销，让 IMC 在中国复活了。

互联网是干什么的？互联网是传播数据和信息的。

传播数据和信息，必然衍生商业价值。

移动互联的普及，让信息传播无处不在。即使是农村，也绕过 PC 时代，直接进入了移动互联时代。

移动互联的普及，给了营销人一个天然工具，或者说武器。利用这个工具，完成唐·舒尔茨整合营销传播所要达成的目标。

剩下的只是我们是否能找到有效的方法。没有方法，是无法落地的。

4P 皆传播的提法，给了整合营销传播一个分析架构：先解构，后整合。

4P 皆传播

4P 皆传播，实际上就是让所有营销活动都有传播性，一切皆传播。

新营销的目标就是创造独立流量，而独立流量又来自于传播，所以，让 4P 皆具备传播性，就成为新营销操作层面的战术问题了。

4P 皆传播，其基本逻辑如下：

产品：产品就是 IP。IP 是自主传播势能。

渠道：所有接触点，都是传播点。所有渠道成员，都是 KOL，意味着陆军（销售队伍）也是空军（传播队伍）。

推广：所有推广活动，都有传播价值。地推活动，既要营造传播能量，也要同时进行传播。

价格：价格是IP价值的量化。做到了上述三点，价值就以价格的方式体现出来了，价格是传播的结果。

新营销4P架构中，产品是传播势能；渠道是势能流转；推广是事件引爆；价格是传播量化。

以传播角度解读4P，似乎比传统营销更符合逻辑。

产品就是IP

现在是丰裕时代，从数量、功能角度，消费者已经获得了极大的满足。

消费者永远无法满足的是欲望，是心理满足。

互联网时代的产品，应该满足三个条件：

一是要有粉丝，粉丝是支持者，传播者，没有粉丝的产品是平庸的；

二是要成为社交货币，成为线下或互联网社交的谈资；

三是要人格化。

产品就是IP，IP是自主传播势能。

符合上述三个条件，产品就自带话题，自带势能。

所有接触点，都是传播点

所有接触点，这是整合传播理论（IMC）的一个关键词。所有接触点，主体是渠道链，其次是企业的上游（供应链）和横向合作商。

渠道链所有成员，包括品牌商的销售队伍、代理商的销售队伍、零售商的销售队伍、渠道其他合作伙伴。

所有接触点都是传播点，意味着可以把所有渠道成员视为KOL，事实上，一个合格的渠道成员确实具备KOL的资质。

新品牌“消时乐山楂爽”短期内迅速在局部市场成功有两个重要原因：

第一，重点市场的渠道成员基本上都是“山楂爽”产品的粉丝，消时乐称之为“全渠道粉丝链”；

第二，利用渠道成员发起传播，形成局部市场（如县级市场）交叉覆盖，从而引爆局部市场，消时乐称之为“全渠道传播”。

上述两方面有因果关系。因为渠道成员是产品的粉丝，所以能够发起“全渠道传播”。

所有推广活动，都有传播属性

深度分销以来，以动销为目标的推广活动，大致有两个目标：

一是以推动促进动销，以销量作为促销目标。这是多数企业的惯例做法，曾经非常有效，形成了“铺货 + 促销”即为动销的标准化动作。

二是以盘活终端为目标的推广，这是终端推广活动的进步。在深度分销的后期，部分企业如统一建立了“以推广为主导的销售体系”，并且确立了“三次连续精确打击”即盘活一个终端的标准化推广动作，为统一方便面老坛酸菜的崛起赋能不少。

终端推广，从一次性销量提升，到盘活终端，销量上一个台阶，这是一次进步。可惜，多数企业止步于第一个目标。

互联网应用于推广，可以把推广活动设计得更有趣、更富于传播性，一次性的线下推广，不仅动销，盘活终端，还能在线上传播，形成面的传播覆盖，将大大提升推广效率。

江小白早期的线下推广活动“约酒”，具有很强的仪式感，很强的参与、互动性，对参与者而言，有强烈“晒活动”的欲望，一群参与者的“晒”就是传播。

第二章
场景

❶
场景即产品

场景，指戏剧、电影中的场面，泛指情景。

影视剧中，场景是指在一定的时间、空间（主要是空间）内发生的一定的任务行动或因人物关系所构成的具体生活画面，相对而言，是人物的行动和生活事件表现剧情内容的具体发展过程中阶段性的横向展示。

更简便地说，是指在一个单独的地点拍摄的一组连续的镜头。

蒙太奇，就是电影场景切换。

人的生活，其实就是不同的场景切换。消费，发生在特定场景中。

不同的场景，即使同一个人，消费需求也是变化的。变化的不是人，不是产品的核心功能，而是体现情绪、欲望的产品形态。

场景在哪里，营销的镜头就应该追踪到哪里。

营销角度的场景研究，不是研究产品的核心功能，而是研究产品的表现形式，以及产品如何与消费者发生联系，形成体验，表现情绪，获得满足。

场景即解决方案

同样是咖啡，创业咖啡卖的不是咖啡，是创业场；迪欧咖啡卖的不是咖啡，而是朋友相会和商业交流，所以，咖啡的点单率不会特别高，包间受欢迎；星巴克在中国的门店多数位于 CBD 和商业街，决定了它是 CBD 的商业交往场所、第二办公地和逛街驻足、休息的场地。

传统的中国茶馆，场景是社交，茶不过是社交的工具。现在有些茶馆，仍然以娱乐为主，顺带卖茶。

古人云："一人不喝酒。"酒不是人生存的必备品，但却是人类社会公约数。除了宗教禁忌外，不同的民族有不同品类的酒。酒是人类社交的连接器，是人际交往的润滑剂。

从场景角度讲，酒是人类社交的解决方案之一。

既然酒是社交解决方案，那么**酒就有两个属性：**

一是功能属性，要求是好酒。当然，每个人心目中的"好酒"定义不一样，每个人都在喝自己心目中的好酒；

二是价值属性，酒是社交标签。

喝酒的场景，是人与人的连接方式。不同的社交，需要不同的连接方式，需要给酒赋予不同的价值标签。

江小白宣称是"新生代场景解决方案"，这个场景是存在的。其他白酒或许是好酒，但没有发现这个场景，就无法提供场景体验、场景满足。

站在消费者角度，购买的不是产品，而是解决方案。解决方案，不仅包含产品本身，而且包括场景氛围、情绪。

产品不再以功能为中心，功能只是前提。极致产品，呈现的不仅是产品本身，而是极致的精神。产品是提供场景解决方案，所以场景细分代替人群细分，场景师成为产品研发团队的重要成员。

场景即体验

在家里、在办公室、在星巴克喝咖啡，有什么不同吗？当然不同。产品可以相同，不同在体验。与其说是喝咖啡，不如说是在体验。

场景体验，就是产品与消费者的连接方式。

体验即情绪

很多时候，人们喜欢的不是产品本身，而是产品所处的场景，以及场景中自己浸润的情绪。

产品功能 + 连接 = 场景体验

场景即连接

场景既可以是线下连接，也可以是线上连接。

便利店，除了销售便利品外，在日本，与家庭日常缴费等发生了连接；在中国，通过提供调理性食品的方式与单身族的日常生活发生了连接。

便利店，提供的不仅仅是购买便利品的便利，更是日常生活的便利。与日常生活的连接，就是便利店的场景。

互联网新场景，全部是基于互联网连接技术。通过连接技术，个体与虚拟世界发生连接。

❷
产品逻辑：场景洞察

江小白："四小场景"

江小白近几年在白酒界备受争议。一方面，白酒界承认江小白的成功，另一方面，相当多的白酒人又质疑它的产品。

其实，江小白的产品恰恰是符合场景逻辑的。江小白发现了新生代的消费场景：小聚、小饮、小时刻，小心情。江小白称之为"四小场景"。

江小白提供的是新生代场景解决方案，不是大众白酒。既然目标对象是新生代，就以新生代的标准评价，而不是由那些"窜场景"的其他白酒消费者评价。

对比一下。

传统白酒的场景：老酒友；酒是社交主角；酒体趋向复杂。

江小白场景：90 后；"四小场景"；酒体简单、纯粹；酒是配角。

有人更形象地对比两者的场景：海喝 VS 嗨喝。

白酒：场景多元

刚进入职场的小白，都可以称为新生代。但 90 后作为新生代很特别。

以往的新生代，在进入职场前是叛逆的，一旦进入职场，因为没有话语权，很快就被同化了。

90 后进入职场时，大量互联网创业公司兴起，90 后在这类公司扎堆，传统人反而是少数。

90 后扎堆的公司，新生代消费特征就没有被同化。作为一个群体，显示出消费的独立体。所以，中国面临的消费环境，既有传统消费者的升级，也有独特标签的新生代。

因为整体没有被同化，所以 90 后对传统白酒有排斥倾向，甚至有人认为他们可能成为不喝酒的一代。

除了推出面向新生代消费场景的产品外，江小白甚至更进一步，推出“混饮”方式。混饮更容易为新生代接受，特别是混饮非常好玩，有传播性，比如在抖音上传播。

混饮成为一个新场景。

由此，我们可以演化一个白酒消费的场景变化：

酒精饮料（RIO）→混饮→江小白（入门酒）→常态白酒→酱香白酒。

因为酱香白酒的酒体最复杂，所以，成熟消费者最后会走向酱香。

从上述白酒场景变迁看，江小白其实是在为中国白酒培养后备军。

江小白：产品逻辑

江小白的每款产品，都有对应的消费场景。

100ml 的白酒，适合“四小场景”，一人一瓶，不劝酒。

750ml 的“三五挚友”，适合三五好友共饮一瓶。

2000ml 的“拾人饮”则是定制的“团建酒”。互联网企业搞团队建设，也爱饮酒。毕竟饮酒后能敞开心扉，宣泄情绪。

“拾人饮”甚至进一步细分场景，分为召唤、齐心、必胜、庆祝时刻，分别对应一年中团建的不同场景，如图 2 - 1。

图 2 - 1　“拾人饮”场景

小罐茶：产品逻辑

小罐茶的场景逻辑就是：要想茶被更多的人接受，甚至走向世界，就要让体验变简单。

如同江小白一样，公众对小罐茶成功的解读，更多地放在营销上，比如大师茶、礼品茶、广告等。

其实，小罐茶最初的创意源于场景新发现。

中国茶一直强调茶文化，这是农耕文明时代产业的特征，如中国的白酒、法国葡萄酒、中国茶。

历史、地理气候、文化等因素，为这些品类提供了丰富的营养。然而，问题也在其中。

茶文化过度仪式化、复杂化了，消费畸形了。中国茶叶商学院的一个监测显示，茶叶入户率在下降。

如果都讲山头，每座山头都有一个故事。如果茶的仪式化都向工夫茶靠拢，那么茶消费就变成了“有钱有闲有偏好”的特殊人群的特殊消费。

小罐茶的创始人杜国楹是一个茶的爱好者，平时出差也爱带点茶。但是，传统茶的形态，携带不方便。

小罐茶开创了一个新场景：方便携带、饮用的消费场景。

围绕这个场景，其产品逻辑就不同于传统的文化茶，而是方便茶，如图 2－2、图 2－3。

图 2－2　小罐茶饮用场景 1

一句话表达，小罐茶的消费场景是：方便喝好茶。

小罐茶是方便茶，大师茶是好茶。

图 2-3　小罐茶饮用场景 2

虎邦辣酱：新场景

中国的辣酱，消费者只知老干妈第一，不知道行业第二是谁。老干妈甚至走出国门，圈粉老外无数。

除了老干妈的产品确实好之外，它占领了 10 元以下的价格带也是重要原因。

虎邦辣酱的产品，高出老干妈一个价格带。虽然产品体验不错，但尝试过各种渠道，比如传统渠道、电商渠道，均不成功。

后来，**虎邦辣酱发现一个新场景：外卖配套。**

美团、饿了么等外卖平台，抢了传统方便面的场景，成为白领新场景。但是，长期吃外卖也会发现外卖的口感问题。于是，虎邦进入外卖场景，与外卖匹配，成为外卖场景第一品牌。

外卖与老干妈匹配，曾经也是一个场景。但是，有两个问题：

一是老干妈的产品是渠道产品，大包装，一次吃不完；

二是老干妈是 10 元价格带产品，与中高端外卖不匹配。

虎邦辣酱的产品，按照外卖的场景改造：**首先，产品包装上，一顿饭一包。这与小罐茶的包装逻辑相似；其次，赋予包装以情绪，便于传播。**

小米接线板：场景逻辑

接线板是家庭和办公场所常用的产品。我们会发现，很多细心的妈妈，尤其是家里有五岁以下孩子的妈妈，她们都会用透明胶带把接线板的插孔封起来。因为孩子喜欢玩耍，好奇心强，有时候会用手指或金属物体插入带电插孔，造成触电事故。

在插孔的设计上，小米插线板在组合插孔的结构上精心设计了插孔保护门，并形成双孔联动，只有同时两极插入，保护门才能打开，非常有效地避免了孩子可能触电的危险。

所以，当我们在互联网上找到了这样一个妈妈群体，再结合这样的使用场景，把你的产品卖点告诉她们，这样的接线板卖得就会非常好。

休闲食品：场景逻辑

2013 年，多数食品行业的产量达到了历史顶峰，今后也极难再创新高，食品行业面临着数量挤压的问题。

列的这张 90 后的消费诉求非常有意思，如图 2－4。

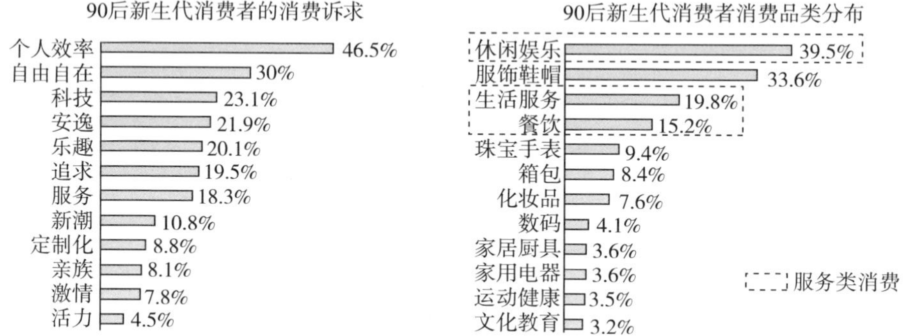

图 2－4　90 后的消费诉求

90 后的诉求之一是个人效率。用互联网工具提升效率，有时候确实有效。

效率提升之后，就会有大量的时间冗余。

所以，**90 后“新诉求”就是 8 个字：节省时间、填满时间。**

因为节省了时间，所以需要填满时间。

90 后的消费品分布，排名第一的就是休闲娱乐。

休闲，不仅包括玩，也包括吃。正餐吃饱了，休闲的时候照样可以吃，比如卫龙辣条。

只要有新场景，就有新消费机会。

双汇一直被认为是中国肉制品行业的领头羊，也做成世界肉制品巨头，中国的肉制品消费量在世界也不落后了。

还有没有增量？当然有。

休闲食品，就是双汇最新发现的增量空间。

本来，火腿肠就是休闲食品，但当时并没有意识到。当意识到的时候，发现空间仍然很大。

休闲食品，重点不在吃，而是在休闲。“世界鸭王”华英集团一位老总说：“鸭除了肉不值钱，其他都值钱，骨头越多越值钱。”

当肉制品消费整体放缓的时候，“绝味”鸭脖的连锁店却已有近10000家，成为中国门店数量最多的连锁企业。

引爆世界的“卫龙”，根本就不是填饱肚子的，而是好玩的。

因为休闲食品重在休闲，所以它的产品逻辑与传统食品根本不同。

胡桃里：一站式夜生活

胡桃里近几年很火，特别在年轻人中很火，甚至在一些人流量少的商圈也能火起来。

很难定义胡桃里到底是餐饮、咖啡还是音乐演出，但它是一个新场景：一站式夜生活。

它提供的是超过15小时的各类体验。

在胡桃里，可以享受轻松惬意的下午茶、浓醇的咖啡，美味的正餐，以及备受期待的21：00后的酒吧时段。酒吧时段是胡桃里的精华，除了优秀歌手的音乐演出，还有国际艺术大咖表演。

胡桃里，从晚餐就开始的夜生活。这是不是一个新场景？

星巴克：第三生活空间

星巴克创始人霍华德·舒尔茨说：“这不是一家简单的咖啡店，而是通过咖啡这种社会黏结剂，为人们提供聚会场所的第三空间。”

家庭居住空间为第一空间，职场为第二空间，而城市的酒吧、咖啡馆、图书馆、公园等公共空间为第三空间。

星巴克20世纪90年代率先把第三空间概念引入咖啡店中，**文化、精神和环境体验是星巴克定义的第三空间的精神所在。**

星巴克“非家，非工作”的第三空间，是忙乱繁华都市中的一个小绿洲。

到星巴克干什么？

在机场，星巴克是一个环境良好的休息场所。

在CBD，星巴克是接待商务客人聊天的场所。

下班后，星巴克是白领拿着电脑“公干”的场所。

在景区，星巴克是人们休息甚至吃早餐的场所。

星巴克还可能是一个人独处、发呆的地方。

咖啡是道具，第三空间才是灵魂。

便利店：都市生活空间

商店是干什么的？当然是卖商品的。

便利店的场景逻辑是：它是新的生活空间。

日本的便利店，与日本人的日常生活绑定了，比如代缴水电费。

中国一线城市的便利店，主要流量来源是单身白领，是他们生活空间的一部分。

早晚餐，有的城市的人习惯在外吃，比如武汉人。有的城市的人习惯在家吃，比如多数北方城市。有的人习惯在家里吃，比如已婚者。有的人习惯在外吃，比如城市单身阶层。

城市化改造后，吃早晚餐需要更多来源了，便利店的出现恰巧就满足了这种需求。

便利店的标配，要提供早晚餐、餐桌。因为早晚餐是刚需、高频消费，所以，这是便利店的主要流量来源，也是主要利润来源。

无人售货：新场景

同样是自动售货机，在中国和日本的场景不同。

日本是自动售货机王国，自动售货机主要位于偏远的地方。因为人流量少，有人售货不经济。

中国自动售货机主要位于人流量超大的地方，比如机场、高铁站、学校。

无论是中国还是日本，无人售货机还是公共空间的销售场景。

2017 年中国掀起的无人售货，超过了传统公共空间，进入传统上讲相对封闭的空间，比如办公室，这是一个新场景。

场景细分与客情细分

有些场景一直存在，只不过是否从商业上发现它。

有些场景是全新的场景，原来没有，现在有了。

为什么场景原来不受重视，现在突然受重视了？

场景是细分市场，在大需求没有满足的情况下，细分的需求不旺盛。

当传统需求空间被挤满，传统细分市场饱和，一定会出现新的细分逻辑。

传统的细分逻辑是客情细分，它与场景细分的差别是：

客情细分：研究特定人群的所有需求。

场景细分：研究所有人群的特定需求。

客情细分假设：人在不同的时间、场景有相似的需求。

场景细分假设：不同的人群在相同的场景有相似的需求。

无论何种细分，都是寻找相似性。只要相似形成足够大的规律，就有市场价值。

场景：新商机

人的需求随场景变化而变化。这是场景研究的一个重要逻辑。

同样的喝酒，在不同的场景，酒的品类可以是白酒、啤酒、葡萄酒、米酒、洋酒或其他酒。具体如表 2－1。

表 2－1　不同场景消费不同酒

	白酒	啤酒	葡萄酒	黄酒	洋酒
庆祝或聚会	20%	48%	23%	4%	5%
商务宴请	49%	17%	32%	2%	0%
酒吧或娱乐场所	2%	38%	27%	0%	33%
在家	12%	37%	41%	2%	8%

为什么会形成这种现象？因为各类酒与消费场景形成了强关系，有匹配性。

场景的产品逻辑，可以从三方面解读：

一是在传统场景中发现新的商业机会。小罐茶的场景本来就是存在的，小米接线板的场景早就存在，但原来没有人从中发现商业机会，没有从这个角度去做产品研发。

二是发现原来没有的新场景。江小白发现的新生代消费场景，原来不存在。便利店的场景，原来在中国也不存在。

新场景，是新生活方式、新消费方式演进的必然产物。

新场景，必然有新消费，新消费就提供了商业机会。

三是互联网新场景。互联网创造了大量传统没有的场景，互联网新场景，更多的是与流量入口和支付相应的场景。只要有新场景，就有新机会。

场景为什么是产品逻辑

当你浸润在特定场景时，不管你是否意识到，欲望、情绪、需求都会随之产生，有时候甚至是条件反射。

特定场景，有特定需求。特定需求，需要与之高匹配的产品。

场景研究与客情研究一个重要的区别是：客情研究把消费者当作抽象的，场景研究把消费者当作具象的。

人在特定场景下的消费行为，一定是具象的。

具象的需求，表达得更有具体、详细。

这就要求：**以场景为逻辑的研发，应该更特定场景，更匹配，更细致入微。**

比如，最近一款叫凉露的白酒，就是与麻辣场景匹配的白酒。它是否能够成功暂且不论，但它寻找匹配场景的逻辑是对的。

❸ 链接：虎邦辣酱的场景化营销

很长一段时间里，“央视＋超市”的营销模式，是消费品行业中教科书式的打法。在那个时代，商家只要有效率地控制好少数媒体和少数渠道，就会形成产品和用户的有效互动，消费品巨头们如法炮制着一代代的明星产品，屡试不爽。

互联网将消费者行为打散了。广泛的链接取代了中心节点的绝对支配地位，消费者个性化了。不同群体有了自己喜好的媒体、消费场所和选择逻辑，传统打法失效了，传统企业如何转型？

虎邦辣酱团队正是在这样模式重构的互联网时代里，开始创业之旅的。

选择立足点而非模式

创业之初公司决定，先不考虑什么模式，找到立足点再说，慢慢地迭代模式。寻找的过程中，把握“两个不做”的原则：**凡是和传统模式一样的不做，凡是和竞品模式一样的不做**——既然不能确定怎么做，先用排除法界定什么不能做，逼自己创新，避免进入传统的思维框架中。

在这个阶段，尝试了很多方式，传统电商、内容电商、各种O2O、工业园区食堂，一个偶然的机会，我们发现了外卖。

经过半年时间，通过局部市场的尝试，我们判断这个渠道非常适合我们：

第一，场景匹配，辣酱与简单用餐场景契合，接受度高。

第二，人群匹配，年轻人集中，愿意尝试新产品，对产品品质要求高，价格敏感度低。

第三，渠道特征匹配，封闭渠道，成本低，风险小，适合创业公司起步。

图 2－5　虎邦辣酱

于是，2016 年年初，公司正式决定将外卖渠道作为公司的生存战略，全力以赴开辟外卖战场。

在立足点的选择上，看似是试出来的，其实偶然中又有其必然性。其内涵的逻辑是场景逻辑和流量逻辑。

辣椒酱的本质是什么

虎邦辣酱解决简单用餐，口味寡淡，没有食欲的问题，那么这个问题最经常出现的场景在哪里？食堂、学校、办公室……

而在场景选择的过程中，要特别关注有流量的场景，确定能够保证立足，而一旦尝试到有流量的场景，则要不遗余力地扎根下去，聚焦，聚焦，再聚焦。

虎邦在选择切入点的初期也曾经想过、推敲过：

外卖行业是不是够大？

能不能支撑我们生存下来？

外卖市场会不会有风险？

为此用了半年的时间，在不同的市场来论证这些问题，然而2016年年初，当确定将外卖市场作为我们的生存之地时，公司上下要求摒弃一切诱惑，不能彷徨、得陇望蜀。

这一点是立足点选择的关键，既然说是立足点，立住了才算，立住了再说，如果没有定力，看到机会就想抓，看到困难就想绕，那么就算脚下踩的是金子，也会半信半疑地挪开。

生态优势而非竞争优势

随着这两年在外卖渠道深耕，我们意识到外卖市场不仅是一个适合辣酱立足的市场，还是一个少有的体量大、增长快、具有趋势红利的市场。2016年全国外卖销售额突破1600亿元，2017年突破3000亿元，这意味着在消费品零售总额中，每花100元就有1元花在了外卖上，体量巨大。

与此同时，这个市场目前仍以两位数的速度在迅速增长，其结构还在迅速调整。所以，不夸张地说，外卖市场是餐饮行业的又一次革命，外卖市场也是难得一见的具有趋势红利的市场。

然而我们的外卖之路也并非一路坦途。

2016年上半年，公司专门推进渠道开发，这是传统行业的看家本领，半年的时间，开发了近2万家终端。然而铺货之后发现动销是个问题，很多商家简单尝试之后把我们的产品很快下架了。我们逐渐意识到，辣酱不像餐盒之类的产品，餐盒是直接消耗品，厂家和商家是一个简单的采购关系，而辣酱不同，是个复杂的采购关系，如果不能有效与商家的运营结合，经营结果差别是很大的。

如何才能与商家深度结合呢？要具备生态思维、共生思维，也就是说，在外卖生态中，我们要形成与商家相互依存，你离不开我，我也离不开你的合作关系，而非一味强调自己的核心竞争力。

以我们在外卖生态中的角色为例，我们首先要想清楚辣酱对外卖产生的价值：

第一，辣酱可以有效地延伸菜品的寿命。外卖的菜品更多还是以简餐为主，相对而言品种少，口味单一，有辣酱作为搭配，能够提升消费者对菜品的满意度。

第二，辣酱可以更好地提升商家的客单价。在运营复杂程度不提高的情况下，更好地摊薄经营成本，摊薄商家流量和配送服务的采购费用。找到这样的切入点，才能和商家持久地共生下去，黏性也会更强。

图 2－6 虎邦辣酱三种口味

而在运营产品的时候，我们发现，辣酱的运营只有整体糅合到外卖商家的菜单之中，只有与外卖商家的整体菜品结构、平台活动、满减政策相匹配的时候，才能够共存得更好、更持久。不抱有共生思维，一味只是希望利用好渠道商的各种资源，很难在这个环境中生存。

虎邦在经营外卖渠道的过程中，一直把自己定位为一个“超级连接者”。在外卖这个生态中，我们希望自己能起到互通有无、服务生态的作用。

在这两年的时间里，我们进行过十余场外卖平台和外卖商家的资源整合活动；2017 年 8 月以来，虎邦组织了广州、郑州、沈阳等多地的外卖沙龙活动，邀请不同领域专家对外卖商家进行多角度的知识传播；在各地，虎邦团队也建立起了专门服务于商家的社群，传播外卖知识、对称行业信息，并给商家提供诸如代运营、视图制作、法务、财务等方面的服务。我们把这些也作为自己的产品来研究、经营。如果没有这种先人后己，甚至自我奉献的精神，是不会真正融入生态的。

在两年的实践中，**我们反复思考互联网时代的特点到底是什么。**

我们认为，**关键词是“变化”**。互联互通使环境的变数增强了，消费者个性化得到体现，资源更为丰富、开放，竞争也更为多样化、多领域。

在这个变化的环境中，企业创业应该如何把握呢？

一个重要的思维是生态思维。

就一个经济体而言，在环境相对稳定的状态下，更多地通过核心竞争力的打造获得竞争优势。但是在环境不稳定的前提下，企业掌握和调动的资源都变得更有延展性，所以原本单一的刚性的竞争优势不够了，甚至在环境极不稳定的状态下，片面地强调竞争优势还有害。这就需要企业具备生态思维，强调企业对环境的适应能力和外部资源的整合能力，链接能力成了考量企业经营实力的重要维度。这一点在外卖生态中体现得非常明显。

流量为王而非终端为王

另一个重要的思维是流量思维。

当我们开始深度运营终端的时候，发现深度运营的成本是很高的，运营门店数量有限，那么这么多目标门店，如何才能提升效率呢？

我们逐步发现，门店和门店是不同的。在传统渠道，同一个商圈相邻的门店，受时空影响，流量差异不会太大，然而在外卖市场，相同品类相同商圈的门店，差异可能上千倍，外卖市场的流量不像线下餐饮店这样分布平缓，而更像电商，流量集中，赢者通吃。所以在这个市场中，铺货率的概念失效了，我们需要重新审视每个门店的意义。

与此同时，外卖流量还特别不稳定。2016 年年底，我们在部分市场取得一些突破的门店，到了 2017 年年初突然关门大吉了，很多销量很大的门店突然经营惨淡了，流量来得快去得也急，这一点又和传统渠道不同。

基于这样的特点，虎邦在经营外卖渠道的时候，也需要思考外卖的流量分布。这个流量分布既包括门店的特征，也包括品类的特征，甚至包括菜品的特征。如果不能把握这些特征，泛泛地去打，就会陷入集中的渠道建设中去，事倍功半。

流量思维是互联网时代生存的另一种思维模式——精准。在互联网多变的世界里，要么能够适应整个生态（生态思维），要么能够精准找到用户并掌握其行动轨迹，流量思维、大数据思维、用户思维等都是精准化的思维方式。

这两点既是我们在生态中的最大感悟，也是对互联网特征的重要认识。

系统胜出而非要素胜出

创业者们最喜欢研究绝招，大家希望通过简化认知来理解问题。然而创业成功真的是一个系统胜出的过程，绝对不是某个要素胜出了就能解决问题。

以虎邦为例，表面上看，是虎邦选择了一个不错的渠道，实质上，取得现在这点成绩，是诸多要素环环相扣，甚至化学反应叠加之后的结果。

以产品为例，虎邦的产品十年磨一剑，打磨鲜椒酱也是煞费苦心。

目前市面上的辣椒酱，以油泼辣子的工艺最为普及。然而虎邦为了适应消费升级的特点，选择了辣度更低、香度更高的黄河流域辣椒作为主原料，采用新鲜辣椒低温熬制，避免油炸，低盐低辣，适合新时期人们饮食的需求。

在包装上面，围绕现代人快节奏的特点，制作了小包装的产品，一餐一个，即食即弃，方便快捷。虎邦上市以来，产品已经迭代四次，不断打磨，才能适应用户及消费场景的需求。

品牌的升级、行业的研究、团队的管理、知识的共享、销售运营体系等每个环节都需要创新，同时这些要素还要融合成为一个新的整体，哪个要素能够决定成功还真不好说。

就好像说一道菜做得好，牵扯到火候、刀工、配料等诸多要素，要我们说到底是因为什么原因好吃，其实还真很难孤立地说清楚。这才是创业的艰难与魅力所在。

④ 场景标配

可乐：美式快餐标配

中国消费者理解的可口可乐，与美国消费者理解的可口可乐不同。

对中国消费者而言，可口可乐就是一款洋饮料，曾经流行过；对美国消费者而言，它不仅是一款饮料，而且是美式快餐的标配。

美式快餐套餐，一定有一款饮料，而多数情况下是可乐，只不过是可口可乐，还是百事可乐的问题。

中国人吃中餐的时候，偶尔会点可乐，但远没有达到标配的程度，即使是中式快餐也没有。

标配，就是标准配置。

红牛：出长途标配

红牛在中国耕耘多年，但真正爆发还是在私家车井喷后。

欧洲人长途开车，法律规律，2 小时必须休息 20 分钟以上。休息时间，司机喝咖啡，基本上是标配。这不是法律规律，只是习惯。

中国司机长途开车，没有强制休息的法律规定，但喝功能性饮料提神，几乎已成习惯。

红牛，就与开长途车提神这个场景形成了强关系，可以视为标配。

毛肚：火锅标配

在中餐中，火锅所占份额最大；在火锅中，麻辣火锅所占份额最大；在火锅食材中，毛肚当为首选。

上述结论，都有大数据支撑。这是巴奴毛肚火锅创始人杜中兵提出的观点。

吃麻辣火锅，怕上火，所以，王老吉几乎成为麻辣火锅的标配。

因为毛肚几乎是火锅的标配，所以，巴奴火锅把名称改为巴奴毛肚火锅，并且下了大功夫改造毛肚的供应链，让毛肚成为巴奴火锅的 IP。

图 2－7　巴奴毛肚火锅的毛肚

雀巢的场景标配

喝茶是中国人的习惯，喝咖啡不是。

即使在欧美，咖啡的消费场景仍然不是速溶，而是手磨咖啡。

雀巢的速溶咖啡在中国的成功，源于它发现了三个场景。

第一个场景是高级酒店，速溶咖啡是酒店标配。这与国外基本相似。

第二个场景标配是会议的“茶歇时间”。茶歇时间，似乎应该是喝茶，其实速溶咖啡也成为标配。茶与速溶咖啡，让消费者自选。

第三个场景是礼品。虽然雀巢不是礼品标配，但洋产品发现了中式场景，并且根据中式场景改造产品，也是洋品牌的本土化成功。比如，雀巢的礼品包装，就很有中国特色。

如果不是雀巢发现了上述场景，甚至成为场景标配，雀巢咖啡在中国就没那么幸运了。

图 2-8　雀巢咖啡

场景标配

上述场景标配，有些可能是无心插柳的结果，但从结果倒推逻辑，用场景理论解释是可行的。

当然，一些商业成功可以用多种理论解释。比如，媒体一直传播，王老吉是定位理论的成功。

用什么样的理论解释成功，历来有分歧。同一个成功，有不同的理论皆能解释，很正常。

所谓的理论，不过是在特定前提下的“自圆其说”。

定位理论曾经风行一时。从心理学角度，定位是一场认知战，定位就是占据消费者心智。

什么认知最能占据消费者心智？一是“第一”（老大）；二是概念。

很多行业龙头，成功之初是没有定位，甚至不懂定位的。但是，只要成功了，就自然会形成定位。就像珠穆朗玛峰是世界最高的山峰，根本无须定位。

第一（老大）是天然的定位。

抢不到“第一”（老大）的位置，才需要占领消费者的心智。定位理论就是遵循这个逻辑。

即使不是“第一”（老大），就难以占领心智。所以，要创造一个概念，成为“第一”，占领心智就容易了。

在中国的实践中，创造新品类，然后成为新品类的“第一”（老大），就成为定位实践的主要方法。

新概念（新品类）、“第一”（老大），在传播上价值就是容易占领心智。

场景标配也是占领心智的认知活动，只不过它对标的是场景。

与以前的定位实践主要聚集于品类创新不同，**场景标配主要定位于新场景。**

只要进入某个特殊的场景，就会产生场景联想。**场景标配，就是建立场景联想的强关系。**

比如，吃火锅，首先想到要点毛肚；开长途车，马上想到红牛。

最厉害的标配，就是“心理捆绑”。

营销实践中，套餐就是捆绑销售。捆绑销售，首先要在心理上“捆绑”。比如美式快餐的套餐必然包括可乐，你只是选择大杯可乐、中杯可乐还是小杯可乐的问题。

场景标配与销量

20 世纪 70 年代及之前的人，小时候没有喝牛奶的习惯。

中国牛奶的普及，礼品功不可没，特别是优酸乳、莫斯利安和安慕希这类发酵形态的乳品的推动。

牛奶，几乎成为礼品的标配。比如，到医院看望病人，牛奶几乎是必备品。

在礼品渠道，如果只送一件礼品，首选牛奶；如果送两件礼品，牛奶是其一，其他礼品形态的产品是其二。

在中国，无论什么产品成为礼品形态，销量就会放大，甚至放大数倍，于是有些产品主要在礼品渠道销售。

在华北农村，方便面、火腿肠、牛奶分别成为过礼品标配，也是各个时期配送品类期间销量最大的时候。

新场景是机会

老品类的心智被先行者抢占了，占领心智就要创造新品类。所以，很多定位理论的实践最后走向了创造新品类。

品类可以细分，但很难无限细分。目前的细分机会在场景。原来的产品，满足场景的共同需求，现在要满足不同场景的不同需求。

为什么说场景细分是机会呢？

首先，即使是传统场景，仍然有众多机会。原来立足于满足大众需求，对细分场景没有重视，甚至没有场景这个细分概念，当然也就没有向场景这个细分方向思考。

其次，丰裕社会，生活方式多元化，场景多元化了，更多的场景被创造出来了，更多的消费空间也被创造出来了。要适应这些新场景的变化。

最后，互联网或互联网与传统的结合，创造了更多的新场景，任何场景都有关联性的需求联想。

场景标配：建立与场景的强关系

场景标配，就是建立场景与品类或品牌的强关系。

礼品送牛奶，这是场景与品类的强关系。

火锅涮毛肚，这是场景与品类的强关系。

开长途车带红牛，这是场景与品牌的强关系。

只要与特定场景建立强关系，就能绑定场景，成为场景首选。

怎么建立场景强关系？各个时期有不同的方法。不过场景成为营销概念是在互联网环境下提出来的，目前，用互联网传播手段，发现场景，用场景逻辑研发产品，用传播逻辑形成高认知，仍然是最有效的方法。

❺
场景情绪

“小茗同学”的情绪

喝饮料，也有情绪。统一集团的小茗同学就是一款有情绪的饮料，以“认真搞笑，低调冷泡”为品牌口号。

我们看看小茗同学的品牌故事。

总会发现，身边的90后，总会有一个同学。

他，看世界很开心。

……

纵有大事压顶，也会一笑就行。

有时间就逗人笑，没时间，就莫名其妙，来一场自嘲。

总之，没什么大不了，一切正面就好！

小茗同学，用冷泡工艺，萃取茶叶精华，

再没有苦涩茶味，只有清爽甘甜滋味。

只要身边有一个小茗同学，就再没苦恼。

他，释放冷笑话，调剂疲惫，轻松一会；

……

他，用鬼马的冷知识，调侃所有囧事！

小茗同学！在！随时给你冷冷的愉快。

在每个学生心中，都有一个“小茗同学”，有勇气、有智慧。“小茗同学”的每条段子，反映了学生的情绪。

在包装设计上，小茗同学设计了系列脸谱，以脸谱表达情绪，如图2－9。

图2－9　小茗同学的包装设计1

2017年的“双11”，小茗同学推出1000件限量版“不要脸”（空白脸谱，如图2－10所示）的活动，引起很大轰动。

图2－10　小茗同学的包装设计2

总之，这一是款有情绪的饮料。

“三个爸爸”的场景情绪

粉丝营销专家丁丁老师在为空气净化器“三个爸爸”众筹时，选择的场景是儿童。小朋友和老人是最容易引发购买的，因为空气污染对他们的影响最大。

“三个爸爸”的命名，本身就包含情绪。“三个爸爸”创始人的创业出发点正是因为他们是“偏执狂爸爸”，他们把情怀灌进了三个创业人的故事中——对孩子偏执的爱。因为他们对孩子有着朴素的感情，让产品变成每个“偏执狂爸爸”的精神寄托。

购买产品，除了产品本身外，也“证明”了自己是一个爱孩子的父亲。

在传播前，他们组建了一个“爱心检测团”，成员是准用户，也是 KOL，每人发放一个工程级的检测工具（检测 PM2.5 和甲醛）。

拿到检测仪器后，检测团成员会觉得很新奇特，瞬间开始关注环境空气质量，甚至也成了空气质量的“自测专家”。

检测团成员不仅每天填写室内外空气检测表，有的痴迷者还把仪器快递给亲朋好友，或者到朋友家里检测。一台仪器变成了“爱心传递”。

以爸爸的情绪对待生活和工作场景的空气质量，包含着对孩子的爱。

“三个爸爸”30 天众筹千万元，就是在粉丝传播中注入了情感。

情感，让传播变得更有传播性。

表达瓶，表达情绪

无论高兴或悲伤，都是喝酒的好时候。

喝酒，其实是一种情绪表达。除了宗教禁忌外，似乎不分种族，全世界均如此。

把喝酒的情绪公开表达出来的，江小白是首创。江小白创造了“表达瓶”这种情绪表达方式。

江小白是一款情绪白酒。情绪表达，让消费者获得了共鸣。

江小白在《致我们情绪的青春》一文中这样写道：

“我们捕捉每一个青春个体的丰富情绪，并向你提供一种带有酒精度的神奇饮料，它能放大我们的情绪。它能让我们更幸福、更快乐、更激情、更兄弟、更姐妹，也可能让我们更孤独、更悲伤、更恐惧、更沮丧。我们喜欢的情绪，就让它淋漓尽致，我们回避不了的情绪，就让它来得更猛烈！”

江小白提倡直面青春的情绪，不回避、不惧怕。“与其让情绪煎熬压抑，不如任其释放。”

情绪表达的内容来自于“用户原创内容”（User Generated Content，缩写为 UGC），不仅喝酒是情绪表达，创作表达内容也是情绪表达，如图 2－11。

图 2－11　江小白文案

卫龙辣条有情绪

“生活有时候需要来包辣条，才能冷静地思考人生。”

吃辣条，思考人生。这是卫龙为零食注入的情绪。

提起卫龙辣条，年轻人都感觉它像一个身边又贱又污的亲近朋友，“约吗?”“任性”“冷静”“压惊”四个新包装（如图2－12所示）为他们拉拢了一大批年轻客户，为辣条赋予了鲜明的性格。

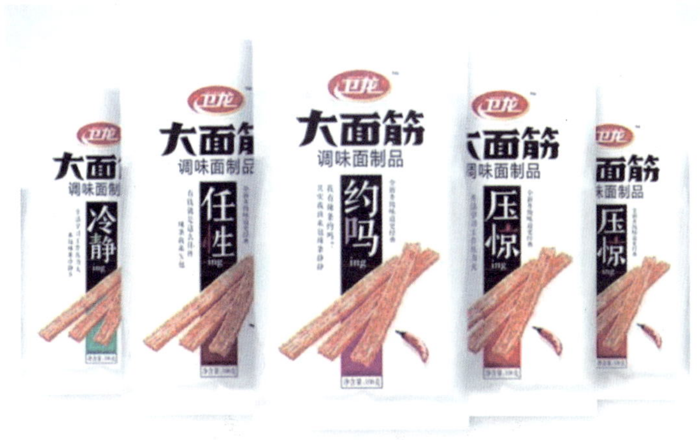

图2－12　卫龙新包装

吃零食，并非因为饿，而是心理需要。

零食，要么没味道，要么是重口味。重口味，不仅是口感，也是情绪。

早前，辣条泛滥，禁而不止。那个时候，卫龙是最正规的企业，也是让父母放心的企业。

互联网时代到了，卫龙抓住了年轻人的脉搏，在互联网上掀起了“辣条风”。

卫龙抓住热点，造势推出各类营销活动，唤醒80后、90后的记忆，借用网络语言、表情包刷曝光度，重新进入消费者眼中。

消时乐的场景情绪

消时乐山楂汁有两个重要的场景，即儿童场景和医院场景。

亲友看望病人，通常会带几件礼品，但有多少礼品是适合病人的呢？病人身体虚弱，补品又不合适。

“看病人，山楂 + 陈皮”，这是消时乐发现的场景。山楂开胃，对病人进食有好处；陈皮健脾，对病人恢复有好处。

孩子不好好吃饭，这是很多家长的心病。消时乐发现，山楂的口感特别适合儿童，而且发现了儿童挑食的场景，所以，传递一种信息：孩子挑食，山楂 + 陈皮。

图 2－13　消时乐儿童装

做有情绪的好产品

喜怒哀乐，都是情绪。当然，情绪不只是喜怒哀乐。

喜茶、丧茶，贩卖的既是茶，也是情绪。

《奇葩说》的马东说，内容产品就是将个人焦虑泛化为大众焦虑，以内容形式去整合。有人说，碎片化知识，提供的不仅仅是知识，也是互联网社会人们面对未来不确定性的焦虑情绪。

什么是好产品？不同时代有不同的要求。

稀缺社会，数量满足是第一位的。

数量满足之后，品质满足跃居前列。

数量和品质都满足之后，心理满足跃居前列。

心理满足，其实就是情绪满足。

一位做休闲食品的创业者，干脆把产品命名为“有情绪”。

发现场景情绪

《场景革命》的作者吴声说：“很多时候，人们喜欢的不是产品本身，而是产品所处的场景，以及场景中自己浸润的情绪。”

90 后的办公室里，桌子上摆一溜多肉植物。多肉并不以单纯的植物形象出现。它常常出现在透着阳光的原木窗旁边，有台灯、明信片的书桌，有装红酒的木桌——人们需要这样的场景与氛围来满足自己的情感诉求。

不同的品类，提供不同的情绪满足。

社群营销专家牛恩坤老师洞察道：**“白酒是表达情绪，饮料是表达情趣，礼品是表达情谊（情义）。”**

这就是对品类（消费场景）的情绪洞察。**赋予场景情绪，不是加强，而是长期形成的，营销所需要的不过是发现场景情绪。**

有人说年轻人不懂酒，江小白说做酒的不懂年轻人。

成熟的人在收敛情绪，年轻人在释放情绪。

喝什么酒，表达何种情绪，年轻的新生代与传统人不同。不仅产品需求不同，情绪也不同。

情绪有传播性

场景情绪一直都存在，为什么现在才这么重视呢？

传统传播，可以传播功能、传播形象，因为那是“强迫性传播”。传统媒体广告就是强迫性传播。虽然传统广告也讲究艺术性、传播性，但终究是强迫性传播，所不同的是，怎么让受众舒服一点。

互联网传播虽然也有发起者，有付费，但商业信息在网络空间的传播，基本上是自主传播。

自主传播，就不是让受众舒服的问题，而是让受众也成为传播者。

没有受众的自主传播，互联网传播就不会引爆。转发、分享、晒，都是受众自主传播的方式。

互联网不传播功能，因为功能太商业化。当然，少数利用社群硬做商业传播甚至交易的例外。但是，互联网会传播情绪。巧妙的传播，要把商业隐藏在情绪中传播。

场景有情绪，情绪可传播，传播改变认知，认知产生交易。这就是新营销的商业逻辑。

喊出情绪，传播情绪

有情绪要喊出来，情绪是需要宣泄的，无论是何种宣泄方式。

互联网传播，就是情绪宣泄方式之一。

有微信上，经常看到朋友圈有无厘头的感悟话。通常我们知道，这是有情绪了。在社交上说出来，也是宣泄。

江小白的文案扎心，甚至有人说江小白是靠文案营销成功的。当然，这是对成功者的简单概括。

中国白酒数千年，一直承载着中国人的情绪宣泄，只不过江小白勇敢地说出来了，说得比较扎心而已。

消时乐的方案，虽然理性，不那么扎心，但仍然说出了场景情绪。

商业化的场景情绪传播，不是传播个体情绪，而是传播集体情绪。

集体情绪，才会有社会共鸣。互联网传播的引爆案，多半与集体情绪共鸣有关。

发现场景情绪，这需要足够强大的洞察力。

⑥ 互联网新场景

“世界上最远的距离，不是生与死的距离，而是我就在你面前，你却在玩手机。”

这不仅仅是网上幽默、调侃，而是移动互联时代的现实存在。

传统时代，在相同的时间、空间，就在相同的场景。移动互联时代则不同，在相同的空间，可能在不同的场景；在不同的空间，可能在相同的场景。

不同的空间，进入相同的场景，关键是通过互联网入口，进入了相同的虚拟空间。

场景的本质：占有时间

2016 年，苹果公布的一组数据显示，用户每天通过 Touch ID 指纹解锁及密码输入查看手机的次数为 80 次。这个数据只是启用指纹解锁和密码保护的用户，不包括没有使用手机保护措施的用户。

2013 年的一组数据显示，人类每天点亮屏幕的次数是至少 150 次。这个数字包含查看信息发送人、预览短信及浏览推送信息的次数。

苹果手机的中国用户都有一个“半天焦虑”，每天到中午，都要找充电场所。中国人是 App 的重度用户，特别是微信和今日头条。苹果手机充一次电，很多人只够用半天。

微信把线下社交结构搬到线上，让用户对社交 App 形成了依赖；

今日头条个性化的信息推送模式，也很容易让用户形成依赖。

场景就是时间、空间、事件，表象看是空间、事件，本质上看是时间，即一件事情让人舍得花时间。

传统场景的本质是时间、空间，而互联网场景的本质就是时间。用户在不同的空间，在相同的时间，通过互联网入口，进入了相同的虚拟空间。换句话说，互联网场景是时间、虚拟空间。

从传统场景的实体空间，进入互联网场景的虚拟空间，核心是入口。互联网的应用技术，就是建立入口。App、二维码、小程序等都是虚拟空间的入口。

超级入口与支付场景

互联网的应用场景，总体来说可以分为两类：

一是超级入口，比如微信、QQ、视频、游戏等；

二是支付场景，比如阿里、京东、拼多多、美团、滴滴、共享单车等。

随着互联网应用技术的发展，新场景还在不断增加。

超级入口，本质上是对时间的占有，是人在虚拟空间的链接，指的是社交（沟通）、体验等消耗时间的互联网应用场景。社交（沟通）场景，如微信、QQ、抖音、快手、视频会议等；体验场景，如游戏、视听等。

支付场景，本质上是人与平台的链接，是对服务（商品）的消费，指通过互联网支付完成价值交换的场景。

互联网场景

互联网场景相对于传统场景，在商业上的意义，我认为效率更高。

按照互联网场景的聚集人群，我分为三类：

一是长尾连接，亚文化聚集；

二是公共平台，数据赋能；

三是共享平台，数据匹配。

传统场景受空间约束，用户进入场景的时间成本很高。互联网场景是虚拟空间，进入场景的成本，除了时间，其他成本可以忽略。

在中国，虽然一直有人在提市场细分，但由于中国的消费是排浪式的，所以，小众市场很难成市，小众在大众渠道里竞逐，小众难成规模。而互联网场景则解决了这个问题，通过 App，把长尾连接起来，形成亚文化聚集。

亚文化聚集，最终形成的是重度垂直的小众市场。因为中国足够大，即使是小众，只要有连接平台，就能形成足够大的规模。

吴声在《场景革命》中描述：如果装的是航班管家、航旅纵横，你一定是商旅达人；装的是蚂蜂窝、穷游，你一定是文艺青年；装的是 Candy Crush、保卫萝卜，你可能是一个地铁通青年；装的是橄榄办公 PPT、QQ 企业邮箱，那么你一定是一位资深白领；而你装的是虎嗅、36 氪，则很可能是一位 IT 宅男，更有可能是互联网创业者。

如果说长尾连接是重度垂直的话，那么，那些大众平台的价值不仅仅是提供了丰富的选择，而且通过数据匹配，建立了更精准的连接。比如，今日头条基于个体偏好的信息推送，各类平台的数据赋能。

共享平台的效率，则在数据匹配。滴滴在乘客与司机间匹配，爱彼迎在住客与房东间匹配。这种基于复杂运算的匹配，大大降低了社会成本。

小众聚集，大众赋能，共享匹配。互联网场景的这个特点，提供了比传统场景更高的效率。

互联网场景营销

产品即场景，分享即获取，跨界即连接，流行即流量。这四句已经广为人知的话语，就是吴声提出的互联网场景营销方法论。

场景就是解决方案。解决方案包含两层内容：一是核心产品；二是连接属性。

这极像科特勒在传统营销中提出的产品五个层次：核心产品、形式产品、期望产品、延伸产品、潜在产品。甚至在表述方式上都非常相似。

产品的五个层次，核心产品是产品的自然属性，其他是产品的社会属性。场景解决方案的两层内容，连接属性就是产品的自然属性。

分享即获取。滴滴的分享，可以取得相应的积分。樊登分享每获取一个客户，可以获得 7 天的免费收听。

分享式传播是互联网商业的基本传播方式，没有分享链，就难说互联网传播。因为互联网场景本身就是连接入口，所以分享除了传播外，本身就是导流。

跨界即连接。越是亚文化聚集，越是容易聚集势能。这就是流行发端于小众的原理。

有的小众永远是小众，有的小众具备大众流行的潜质。当小众势能溢出时，跨界连接，势能跨界发酵，有时就如震撼弹，能够取得惊人的效果。

互联网传播引爆，是长尾集体围观的结果。如果说传统时代的流行足够慢的话，互联网可以一天引爆一个话题。互联网本身创造了更多的流量，这些流量是流动的，也必然会引爆众多的话题。

互联网大佬的焦虑，就在于流量不停地流转，流行的周期太短。极大的流量中心形成颠覆性的力量。

第三章
IP

❶ IP：自主传播势能

IP 的本意是知识产权（intellectual property），原是影视、游戏、动漫等娱乐领域的词汇。一旦娱乐形象为公众熟知，就可以开发系列衍生产品。

衍生产品在娱乐领域的占比非常高，比如，米老鼠的动漫形象深入人心，就可以围绕米老鼠进行衍生产品开发，如米老鼠玩具。这个过程，称为 IP 授权。

IP 授权是扩大 IP 商业生命，也是通过 IP 授权扩大 IP 影响力的过程。

互联网创造众多新平台，在平台上崛起一批娱乐化的红人，如微博的大 V，秒拍的 Papi 酱，A 站、B 站的 Up 主，蘑菇街红人、nice 时尚达人等。这些红人吸引流量，可以衍生商业。**这是 IP 外延的第一次延伸，从娱乐 IP 进入互联网 IP。**

IP 外延的第二次延伸，是 IP 的泛化，一切在互联网上可以自主传播的人格化标签，都可以称作 IP。IP 可以是企业老板，如小米的雷军；IP 可以是品牌，如江小白；IP 可以是产品，如小茗同学。IP 外延的第二次延伸，出现了泛 IP 化，一切有影响力的东西，都称为 IP。

自主传播势能

吴声对超级 IP 的定义是：有内容力和自流量的魅力人格。

我对 IP 的定义是：互联网自主传播势能。这里特别强调自主传播，就是要区别于传统的被动传播、付费传播。

自流量、自主传播，这是 IP 的重要特征。判断 IP 的核心价值就是有没有传播势能。这是互联网时代的传播特点决定的，即自传播。

传统传播是短链条传播，传播模式是：传播→接受。

短链条的传播引爆，一定要有足够大的传播量和传播周期，当然还要有足够好的传播内容。

互联网上，每个人都是传播的接受者，也是再传播的发起者，这让长链条传播成为可能。**传播模式可以是：传播→接受→再传播→接受→再传播……**

能够长链条再传播的，我称之为自主传播势能。超级 IP，并非传统传播那样的持续大投入，而是开启了长链条传播。

长链条传播，达到一定的传播量或传播密度，就会成为公众人物，称之为 IP。

IP 的商业逻辑

IP 的逻辑，可以用流程表示：平台→内容→人格化→引爆→IP→流量→商业。

平台的崛起，一般伴随着超级 IP 的崛起。平台需要 IP 的助推，IP 需要平台，早期实际上是相互引流。IP 的崛起通常依赖小众发酵，而平台同样如此。

IP 引爆前，内容成就 IP。IP 引爆后，IP 传播内容。持续的内容生产能力，是对 IP 的考验。没有好的内容，就无法成就 IP。所以，IP 一定要有内容力。内容的持续生产，是对 IP 的极大考验。

IP 类型很多，可以是人，可以是品牌，可以是产品，**但一定是人**

格化的，这是 IP 源自娱乐业的基因，也是互联网传播的基因。

人人是自媒体，但不可能人人都进入传播的“头部”。任何时候，社会的注意力都会向头部集中，所以，传播达到某个临界点，或者传播触动了社会共鸣，就会突然引爆。

比如，吴晓波在传统时代是公众人物，做新媒体后仍然是公众人物，但影响力只限于业界，真正成为大众公众人物，则是因为一篇《去日本买只马桶盖》这样的文章触动了公众情绪。

一旦成为 IP，就有了固定的流量。甚至原来传播量低的原创内容，也会有新流量，就如莫言得了诺贝尔奖，原来不受关注的众多小说一律受追捧。

只要有足够的流量，就可以商业化。特别是媒体属性的 IP，IP 化过程本身有投入，只有通过商业化回收。

如果是产品属性的 IP，本身就为产品带来流量，完成了商业化过程。

内容力：社交货币

支撑 IP 的内容力不同于普通的内容。普通的内容，指的是读者价值。**IP 的内容力，还要有再传播的力量。再传播，就是社交谈资。**

简言之，就是不仅对受众有价值，还要愿意分享、传播，成为社会的谈资。

换句话说，就是有传播势能的内容。有传播势能，就会形成围观效应。

任何传播，都需要“子弹”。互联网传播很费“子弹”。

传统传播的“子弹”，是广告费和广告片。要达到传播的临界点，“子弹”（广告费）必须充足。

互联网传播的“子弹”，是传播内容。互联网传播不像广告一样，一条广告片反复播放。

罗胖每天要讲60秒，每周要出一个视频；樊登每年要读50本书；Papi酱要做到周一放送；吴晓波频道每天要更新，多数10万+文章是吴晓波原创。本人算个小IP，2017年在公众号的原创文章也超过300篇。

没有持续的内容生产能力，即使曾经为IP，也会被互联网快速遗忘。互联网上IP的消失速度，比想象的快得多。

在内容生产上，最初可能是个体的原创。一旦IP引爆，就需要一个原创团队。当然，一旦内容的调性确立，内容的规模化“生产”不是问题。

如果只是文案内容，那么只需要团队创作就行了。如果是音视频内容，那么出镜的一定是本人。比如，罗胖只有在“休产假”期间才由他人代班。

当然，也有创作团队成为IP的。比如，在《吐嘈大会》上火爆的李诞、池子，原本是其他IP的内容创作团队成员，现在成了IP。

偏执化人格

在动漫领域，受欢迎的IP是很夸张的，如唐老鸭；甚至与现实世界是相反的，如米老鼠。

人格化就是把不具备人的动作和感情的东西，赋予人的动作和感情。这里的人格化，不是现实中的人，而是抽象的人。

IP化的东西，不仅是人格化的，而且往往是偏执化的人格。

不偏执，不传播；不极端，不传播。这是自主传播的特点，也是IP的特点。

乔布斯受欢迎，就因为他是偏执化人格，他的产品取向也是偏执化的，因而，乔布斯和苹果产品都自带流量。

发端于小众，引爆于传播，崛起于大众。这是 IP 的成功逻辑。

互联网的场景有三类：一是小众聚集；二是大众共享，如滴滴；三是大众平台，如阿里。

三类场景中，共享平台和大众平台是少数，多数是小众平台。互联网的长尾连接方式，给了分散的小众聚众成群的平台。

没有在小众群体的发酵，很难跨界传播。在小众发酵，偏执是基本的价值取向。当然，这里所指的偏执，不是贬义词，而是中性词。

与其成为多数人的第二选择、第三选择，不如成为少数人的第一选择。这是时尚流行的规律，也是新 IP 崛起的规律（传统 IP 迁移的例外）。

小众总是在积极地寻求一种风格，而大众则是消极地接受商业给予的风格。

有人喜欢，有的排斥，这还不算极端。有人是超级忠实粉，有人极端反对，有粉有黑，这就有成为 IP 的潜质。

总之，取悦大众是 IP 的梦魇。大众是被动的，只有小众才是主动的。

跨界传播

发端于小众，如果只限于小众，或许会成为极客，但很难成为 IP。

IP 一定是跨越了小众，进入大众传播。

小众怎么才能跨越传播？

有三条路径：

一是超级 IP 赋能；

二是小众偶然引起大众共鸣；

三是小众溢出。

Papi 酱在小众发酵后，有一定影响力。但罗辑思维和罗胖的加持，彻底让 Papi 酱进入了大众，而且价值感大大提升。

吴晓波的文章很专业，也很感性，历来在知识界有争议。知识界是个小众，内容没深度有人批判；太深则阅读者寡。《去日本买只马桶盖》其实是篇情绪化的大众文章，迅速引爆了，吴晓波的身份也有了大的变化，从 IP 变成了超级 IP。

巴奴崛起于火锅，它的产品创新不错，最初的影响力仅限于河南、火锅界。最初，在火锅界发酵，就是海底捞粉丝与巴奴粉丝的“战争”。海底捞的粉丝说海底捞的服务好，巴奴的粉丝说“我们吃的是产品，不是服务”。这符合 IP 的特征，有粉有黑。

但是，当老板杜中兵提出产品主义后，影响力就进入餐饮界，即使不是火锅，也在产品上下功夫，打造有仪式感的产品 IP。

现在，“产品主义”已经引起了快消品行业的共鸣，大有像海底捞的服务从小众（火锅）进入大众一样。因为大众化的产品已经难以引起消费者兴趣，产品是对消费者深刻洞察的结果。

传播技术的创新应用

现在是信息文明的早期，互联网技术的迭代、颠覆速度非常快。

每个互联网新技术的应用，都会吸引公众的注意力，并把注意力摊薄。

崛起于 BBS 博客的大 V，如果没有转战微博、QQ 或微信，IP 就被遗忘了。这些还是大众平台，小众平台就更多了。

吴声称超级 IP 是“新物种”，其实，IP 这个新物种，依赖于平台创新这个“新物种”。平台创新通常会带来超级 IP，甚至可以说，超级 IP 就是平台崛起的标志。

IP 要延续生命力，要随着互联网技术的应用，不断迁移平台。平台流量、IP 流量，双方是相互加持的。

IP 流量变现

在传统娱乐 IP 时代，IP 本身就是产品。**IP 授权，就是 IP 变现。**

当 IP 成为互联网“新物种”后，IP 具有了媒体属性。**媒体有自己的变现方式，早期是“前端流量 + 后端变现”，现在成了“超级 IP + 社群 + 后端变现”**，变现方式复杂了，也专业了。

泛 IP 化，IP 又成了互联网化的产品（品牌），**IP 流量就是商业流量**。比如江小白是个 IP，它上架 B2C 平台，无须通过商业转化，直接就引流变现了。

❷ IP 是品牌逻辑

简言之，**IP 就是互联网语境的品牌。**

IP 是天然的品牌，但品牌不一定是 IP。

有些传统品牌，能够迁移到线上，成为 IP。但是，多数品牌没有 IP 的调性。

这正是传统品牌的尴尬，哪怕是百年品牌也面临如此境地。

多数百年品牌，追踪历史或许有百年，但真正形成品牌，则是现代传媒形成之后，如宝洁，虽然有 180 多年历史，其品牌形成于 20 世纪初无线电传播时代。

现代品牌，都打上了时代和媒体特征。互联网时代的品牌同样如此，会有强烈的互联网特征。

IP：品牌逻辑

传统时代，营销界经常有品牌与销售关系的争论。

有人说，品牌做好了，销售就好做了。也有人说，销售做好了，自然就是品牌了。

第一种观点认为，品牌运营是可以独立于其他营销工作的，比如，品牌速成的观点就认为，品牌是传播的结果，认知大于事实。

第二种观点认为，品牌是所有营销的结果，是企业与消费者一切社会关系的总和，是所有营销活动的最终记忆点。“绝对的销量产生绝对的品牌”是其中一个极端的观点。

真实的营销世界，既有传播速成的品牌，也有绝对的销量产生的品牌（如沃尔玛），但通常情况下是互为因果。品牌推动营销工作，营销结果又反哺品牌。

IP 也是上述逻辑。所以，在营销话语体系里，IP 是品牌逻辑。

NIKE 不是 IP，AJ 是

NIKE 是传统品牌，但不是超级 IP，但 NIKE 与篮球明星乔丹的联名款 Air Jordan（简称 AJ）是超级 IP。这是因为 AJ 传承了乔丹的魅力人格。

图 3－1　乔丹的联名款 Air Jordan 球鞋

乔丹天然带传播势能，即使在传统媒体时代也是如此，即使退役多年也是如此。对于篮球迷来说，他是天然的谈资。新崛起的球星，总会与他对标。

NIKE 是个强势品牌，也受追捧。但是，NIKE 是传统属性的品牌，它自身不带势能，记住它需要更多的传播，而不是消费者主动谈起它。

Adidas 也面临相同的问题。一个传统品牌，与互联网的调性不同，品牌无法直接转化为 IP。但是，Adidas Originals 有 IP 基因，所以在互联网时代受追捧。

可口可乐表情包

虽然百事可乐自称年轻人的可乐，但是，可口可乐的 emoji 应用，笑脸包装，表情海报，恰恰是年轻人喜欢的表达方式，是新生代的流行文化。

图 3－2　可口可乐年轻化包装

利用互联网元素或技术于包装设计、传播，可口可乐语录、表情几乎是最前沿的应用。这让一个传统品牌或多或少有了互联网基因。

品牌 IP 化

正如不是所有明星都能够成为互联网 IP 一样，也不是所有品牌都能变身 IP。

大多数品牌的基因，决定了它无法成为 IP，特别是那些行业巨头、大众品牌。传统品牌向互联网 IP 迁移有两种做法。

做法之一就是尽可能 IP 化。像可口可乐这类品牌，本身就是品牌与产品的统一体，不向互联网迁移很难找到新的传播出路。

做法之二就是让品牌平台化，把新产品打造成 IP。如上所述，NIKE 无法成为超级 IP，但产品可以 IP 化。最终，品牌成为 IP 的背书。

③ 公共 IP 和自有 IP

吴晓波和雷军两人都是超级 IP。从微信指数看，两人旗鼓相当，如图 3－3。

图 3－3　吴晓波和雷军的微信指数

但是，两人是完全不同属性的 IP。吴晓波是公共 IP（或者说，公共媒体属性的 IP），雷军是自有 IP。

当然，也有同时具备两种属性的超级 IP，比如王石，他既是万科的形象代言人，也是一个玩家，可以为其他品牌做广告，如为格力广告代言。

公共 IP：媒体人格化

公共 IP，实际上就是互联网时代的新型媒体。

传统媒体，媒体是一个机构，这个机构由很多人、很多部门组成。但是，人们不关注个人，而是关注媒体这个机构。

公共 IP，可能是个人，也可能是机构。但是，**人们不关心机构，只关心个人。**

因为 IP 是人格化的，打上鲜明的个体烙印。比如，吴晓波背后的机构如何，没人关注，人们只关注吴晓波本人。哪怕是机构的创作内容，最后也要以吴晓波的名义出品。

人，只有人，才是特点鲜明的价值载体。

自有 IP

公共 IP 与自有 IP，两者的差别是什么？打个比喻，公共 IP 是公交车，自有 IP 是私家车。

公交车是公用的，通过向乘客收费获取收入；私家车是自用的，要赚钱养私家车。

公共 IP，特点就是它是媒体，通过内容创造流量，再通过导流赚钱。

自有 IP，就是自用的 IP，通过内容创造流量，流量不须导流，可以直接变现。比如，董明珠虽然经常站在互联网 IP 的对立面，如与雷军互怼，但不可否认，董明珠也是个超级 IP。作为超级 IP，董明珠为格局创造了巨大的流量。

两种属性，两种变现方式

IP 是流量连接。IP 是流量保证，流量本身是有成本的，**流量连接就是 IP 的变现方式。**

两类 IP 的区别，不在于连接谁，而在于向谁导流。

作为公共 IP，吴晓波偶尔也直接变现，比如曾经做过黄酒。但是，媒体属性的公共 IP，主要还是替其他产品连接、导流。

作为产品属性的 IP，雷军偶尔也替别人站台、引流，比如为凡客诚品站台。但是，雷军在互联网上的表演，主要还是为小米连接、导流。我曾经参加过小米手机的发布会，雷军是否亲自出面，差别真的很大。很难想象，一个没有 IP 的小米新品发布会是什么样子。

当然，也有的 IP 同时具备两种属性，比如，罗胖就是如此。早期的罗胖，是典型的媒体属性的公共 IP。当他本人直接销售产品时，就是自有 IP 了。

这不奇怪，就像私家车，一旦在滴滴注册，就既是私家车，也是公用车。

娱乐界的超级 IP，多数就是同时具备两种属性的超级 IP。在演艺界，他们的作品通过 IP 变现，这是产品类。同时，他们也利用 IP 的影响力为品牌代言，这是媒体类公共 IP。

媒体的商业逻辑

传统媒体的商业逻辑，可以用“三次销售”概括。

第一次销售“卖内容”，传统媒体就是内容生产者。卖内容，主要指标就是阅读量。

阅读量，有的是订阅，有的是赠阅。只要阅读，就是读者。

早期媒体以订阅为主，后期有的媒体发现，赠阅比订阅的成本更低。比如，有的报纸订户发现，报纸卖“废品”的收入比订阅费更高。

第二次销售是“卖读者”，即做广告。因为有读者，所以可以做广告。

第三次销售是“卖衍生产品”，比如媒体活动。最有名的媒体活动，可能是“财富全球论坛”。

“三次销售”是个笼统的说法，也有人进一步细分，有七次销售、八次销售的说法。

新物种，老逻辑

超级 IP 被吴声称为“新物种”，确实是在传统时代没有的连接形式。但是，媒体属性的公共 IP，其商业逻辑与传统媒体相似。

只不过，IP 化的媒体，一切商业指标均以流量形式表示。

要成为 IP，一定要有内容生产能力。与传统媒体的差异，只是内容的表达方式不同。

被称为 IP，是因为有流量。有流量，就可以商业化。

媒体属性的公共 IP，商业化的方式就是为客户连接、导流。其逻辑与做广告相似。

IP 有影响力了，除了导流外，还可以举办活动，比如罗胖的跨年演讲《时间的朋友》。

媒体属性 IP，商业逻辑仍然可以概括为“三次销售”。当然，IP 的变现更多样化了。

公共 IP 的价值

自媒体时代，人人是媒体，为什么还需要媒体属性的公共 IP？

人人是自媒体不假，但不可能人人都成为 IP。

任何社会，注意力资源是有限的，甚至是恒定的。过去，媒体往往被称为大众媒体，因为它是个体与大众连接的公共媒介。离开公共媒介，传播效率更低，比如口碑。

有些企业可以形成 IP 矩阵，有流量来源，如小米、阿里、京东。大多数企业没有 IP，没有 IP 就意味着没有流量来源。

没有流量来源，要么在平台购买流量，如在阿里、京东买流量，要么通过 IP 导流，即通过媒体化属性的 IP 导流。

媒体属性的公共 IP，就是连接、导流的媒介，实际上就是 IP 本身连接能力的变现，流量的再分配。如在 Papi 酱视频上的传播，在公众号上的软文等。

IP 商业化：连接起点还是传播终点

互联网时代的传播逻辑，我概括为：发端于小众，引爆于传播，收获于大众。

如果说传统媒体是大众媒体的话，超级 IP 更倾向于小众媒体。即使是传播量很大的超级 IP 也是如此。

判断是大众还是小众，不以传播量为依据，而是以影响的对象为依据。

原因很简单，**不能以浏览量作为连接是否成功的依据，而要以能否**

激活高势能传播人群作为主要指标。激活了高势能传播人群，就能够通过超级 IP 的连接，开启传播的复制、进化过程。

这是 IP 化的媒体与传统媒体的差异之所在。传统媒体，阅读量决定于一切，阅读是终点。

超级 IP 只是连接器，连接是传播的起点。

从小众连接，在传播中引爆。这是利用媒体属性 IP 所要注意的。在实践中我们发现，很多千万级的点击之所以没有产生商业效果，就是把点击当终点，而不是把连接当起点。

在《思维病毒》一书中，作者提出一个传播中“进化”的观点：**进化需要两件宝贝：复制，一定程度的忠诚；创新，一定程度的变革。**

超级 IP 的连接，应该开启进化过程。复制，就是开启传播链。创新，就是传播过程中优化传播内容，比如 UGC、PGC（Professionally Generated Content，专业原创内容）。

社群：IP 商业化的路由器

吴声说，“前端流量 + 后端商业”的简单导流模式已经不合时宜，取而代之的是**“IP + 社群 + 电商”的商业模式。这是 IP 电商的商业模式。**

这句话等于宣告靠点击量（浏览量）传播、导流模式的失势。而这个模式是近几年媒体属性 IP 传播、引流的主要方式。

“前端流量 + 后端商业”模式也被称为流量池模式，或流量批发变现模式。

超级 IP 面临的问题，恰恰是流量转化率太低的问题。

我补充一个流量变现的另一条路径：**“IP + 社群 + 线下”**。这是线上线下融合的商业模式，可以与 IP 电商并行不悖。

前面已经提到，点击不是终点，要成为连接的起点。中间的发酵过程就是社群。

在施炜老师提出的三度空间中，“线下→社群→网络空间”，这是从线下到线上的传播路径，是利用可控资源完成传播发酵的路径。

“IP + 社群 + 电商”和“IP + 社群 + 线下”，是利用外部传播资源商业化的路径。

无论哪一种路径，都不再是“流量→商业”的简单引流逻辑，而是社群的再发酵、催化、进化。

无论哪种商业模式，社群发酵都难以回避。所以，吴声说，社群是连接内容和商业的中间环节，是连接的路由器。

④ IP 矩阵

巴奴的 IP 矩阵

巴奴是继海底捞之后，火锅行业的又一个奇葩，都是自带流量的 IP。巴奴的 IP 矩阵包括：

老板杜中兵是超级 IP。他提出的“产品主义”在餐饮界很火，开班收费，影响一批老板。

杜中兵本人就是巴奴的形象代言人，广告形象出镜率很高，如图 3－4。

图 3－4　巴奴的形象代言人杜中兵

巴奴品牌是超级 IP。巴奴的口号：服务不是巴奴的特色，毛肚和菌汤才是。

其实，巴奴的服务做得很好，但是，服务再好，在消费者心智中也好不过海底捞。所以，巴奴只在内部强调服务，不在外部传播服务。

自 2012 年巴奴的口号挂在门口，海底捞的粉丝与巴奴的粉丝就在网络上展开了舌战，从微博时代一直战到微信时代。

一个大单品（毛肚）和 12 道“护法产品”也是超级 IP。巴奴的菜品不多，只有 40 多道，在火锅界算少的。但巴奴有一个超级大单品（毛肚）和 12 道“护法产品”，如厚切牛肉、乌鸡卷、黑豆腐、绣球菌、巴奴拽面、笨菠菜、红皮土豆等。

巴奴的每一道菜品，都有一个传奇的故事。因为这些菜品，是通过自建农产品产业链才形成的，每个产业链都有极强的壁垒。

杜中兵的厉害之处，还在于将每道菜品都做得很有仪式感、价值感。与杜中兵有过几次交流，深感产品主义已经深入骨髓，供应商每提供一个原料，他就能迅速站在消费者角度形成产品概念。

江小白的 IP 矩阵

江小白的创始人陶石泉是超级 IP。尽管陶石泉本人是不喜欢凑热闹的人，但对中国第一个系统形成新营销体系，并且有极强的归纳、总结能力，有能力说出众多营销金句，有能力上升到方法论或哲学层面的人，陶石泉还是无可逃避地成了超级 IP，是很多论坛争相邀请的嘉宾。

江小白品牌自然也是超级 IP，是青春小酒的代表，尽管江小白本身在淡化青春小酒的概念。

正因为江小白是 IP，有连接能力，所以，它才能在京东上线的时候，在没有推广的情况下，通过 IP 的连接能力，迅速形成巨量的 GMV（网站成交金额）。

江小白开发的场景化产品，也是江小白的 IP，比如小酒、三五挚友、拾人饮等。

图 3－5　三五挚友产品

对于产品 IP，陶石泉有一个形象的说法："产品出来了，剧本就出来了；剧本出来了，IP 就来了。"

按陶石泉的说法，他的时间是 4321 分布：40% 的时间在做市场洞察，30% 的时间在做产品，20% 的时间在做品牌，10% 的时间在做销售。

陶石泉本人就是公司的首席产品经理（CPM），这项工作可能很难替代。**产品成为 IP，关键是老板为它赋能。**

IP 矩阵

如果一个企业没有 IP，就必须与外部 IP 合作。

IP 是连接能力，是流量来源。

在传统营销时代，要么品牌驱动，要么渠道驱动，要么品牌渠道双驱动。

互联网时代，品牌驱动力和渠道驱动力都在下降，逐步变成 IP 驱动。

前面提出过，IP 有两类：一类是公众 IP（媒体属性的 IP），另一类是自有 IP（产品类 IP）。

营销变成 IP 驱动，要么有自有 IP，要么花钱用公共 IP 连接、导流。

做过电商的都知道，流量越来越贵，IP 会越来越贵。

打造属于自己的 IP，打造企业的 IP 矩阵，是必然要做的选择。

企业的 IP 矩阵，一般包括三类 IP：

一是 IP 化的老板和经理人；

二是 IP 化的品牌；

三是 IP 化的产品。

IP 化的产品，本身又可以形成一个矩阵。

IP 化老板和经理人

每个时代，都有老板成为社会明星，比如联想的柳传志、海尔的张瑞敏等，但老板和经理人成为明星，从来没有像现在需求这么强烈。

原因很简单：**好 IP 是人格化的，而人是 IP 的最佳选择。**

马云、刘强东、雷军、董明珠，有人擅长演讲，有人不那么擅长，但时代选择他们出来站台，站在聚光灯下，成为超级 IP。

以个人而言，马云是中国最大的超级 IP，从搜索微信指数可以证明。阿里的很多公关，最终是他出面解决的。

IP 化的老板，有的是 B 端的 IP，比如，杜中兵、陶石泉目前的影响力仍然只限于B端。B端影响力主要限于行业内、商界。有的则是B端和C端通吃，比如马云。当然，也有部分IP在C端受欢迎，但在B端不那么受待见。

IP化品牌

营销专家苗庆显一句话说清楚了品牌与IP的关系：**“IP是天然的品牌，品牌不一定是IP。”**

有的品牌，有互联网调性，从传统媒体转战互联网不难。但是，大多数传统品牌在社交媒体上是没有流量的。

现在，很多百年品牌老化，就是因为不具备互联网传播调性，而传统媒体传播又失效了。

搜索微信指数对比一下，江小白的微信指数一直维持在百万级，很多销量远超江小白的传统品牌，可能微信指数只有上万级。

有的品牌虽然历史悠久，但在努力向互联网调性靠拢，比如可口可乐，在包装、传播调性上都有了互联网特色。

IP化产品

好产品不一定可以成为IP。当人们谈论好产品时，更多的是从功能性满足角度讲的。

一个IP化的产品，功能性的高品质是基本前提。

怎么才能成为IP化的产品呢？

一是要让产品具备社交属性，让产品成为互联网社交的社交货币。

人与人之间的交往都需要谈资，谈资是避免尴尬和获取认同感的重要方式。**社交货币说通俗一点，就是谈资，让产品成为社交货币就是赋予产品可以谈论的价值。**

杜国楹在谈小罐茶的产品打造逻辑时，其中提到很重要的一点，就是通过形象包装和品牌背后的故事，让产品本身成为可以谈论的话题，从而避免了商务社交中的尴尬。

二是要发现场景背后的情绪。传播情绪，容易引起共鸣，也容易引爆。

三是持续的内容生产能力。传播消耗内容。传统传播，是更多相同内容的持续强化记忆。互联网传播、社交传播，只要重复，就失去传播性。所以，持续的优质内容生产是基本要求。

IP 化的产品，其研发逻辑就与过去不同了。技术部门做技术研发，然后交给市场部做传播创意，这类流程肯定行不通了。**老板成为首席产品官（CPO），是现在 IP 化产品的常见现象。**

5
每一个 IP，都需要 CP

每一个 IP，都至少需要一个 CP。

每个 CP，最好也是等量的 IP。

CP 是什么？CP 是配偶，是合作伙伴，是新营销世界里 IP 的生存方式之一，是 IP 的支撑架构。

江小白 +：IP 与 IP 的互动

江小白是 IP，江小白 + 是 IP 与 IP 的内容互动，是 CP 的相互赋能。

江小白 + 文化 IP，如同道大叔、张小盒，如图 3－6。

图 3－6　江小白 + 文化 IP

江小白 + 嘻哈（如图 3－7 所示），因为嘻哈的调性与江小白相似，江小白的品牌态度是“永远不去满足多数人世俗和习以为常的喜好”。

江小白 + 青年艺术（如图 3－8 所示），特立独行、自由精神、极简美学、青年情怀、FACE TO FACE，这是江小白的精神理念，是不是与青年艺术合拍？

图 3－7　江小白＋嘻哈

图 3－8　江小白＋青年艺术

江小白＋动漫（如图 3－9 所示），动漫为江小白创造超亿的浏览量。

图 3－9　江小白＋动漫

江小白 + 影视，江小白 + 音乐，江小白品牌每次跨界，都是 IP 与 IP 的合作，都是 IP 在另一个小众世界的发酵。

小茗同学：超级 IP 需要等量的 CP

小茗同学是一款人格化的茶饮料，他有如下标签：冷幽默、充满自信、脑洞大开、贱气小王子、逗比搞笑、腰果眼、人小鬼大、茶丫头、冬菇发型。

2015 年起，小茗同学是饮料界的超级大单品，也是超级 IP。

一个超级 IP，只有另一个超级 IP，才是合适的 CP。

2017 年，小茗同学找到了他的 CP——腾讯。

小茗同学与 QQfamily IP 联合共建搞笑 CPM 内容，结合腾讯平台，建立 95 后圈子化，提升品牌黏性。

结合年轻受众偏好度高的平台天天 P 图、表情、游戏、红包、漫画平台创作搞笑内容深度互动，如图 3 - 10。

图 3 - 10　搞笑内容互动

从广度上结合腾讯手 Q、空间、新闻、视频、音乐 APP，辐射广大平台用户。

为了充分利用腾讯的传播资源，小茗同学整合了腾讯几乎所有可供利用的部门，如图 3－11、图 3－12 和图 3－13。

图 3－11　小茗同学与腾讯合作传播规划

聚焦年轻人聚焦的泛娱乐社交平台，多维度品牌曝光+互动，广度+深度覆盖

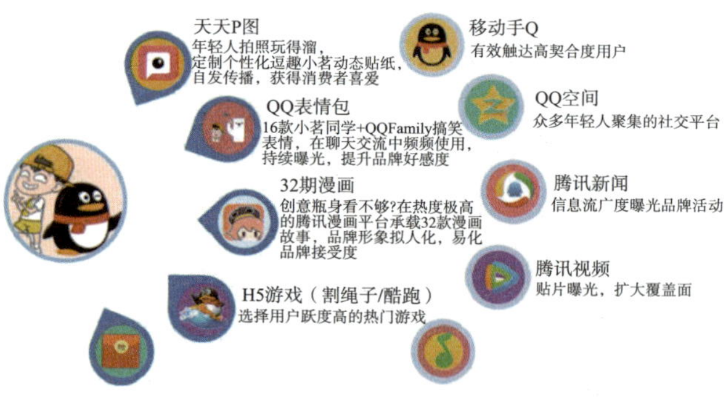

图 3－12　小茗同学与腾讯专案传播矩阵

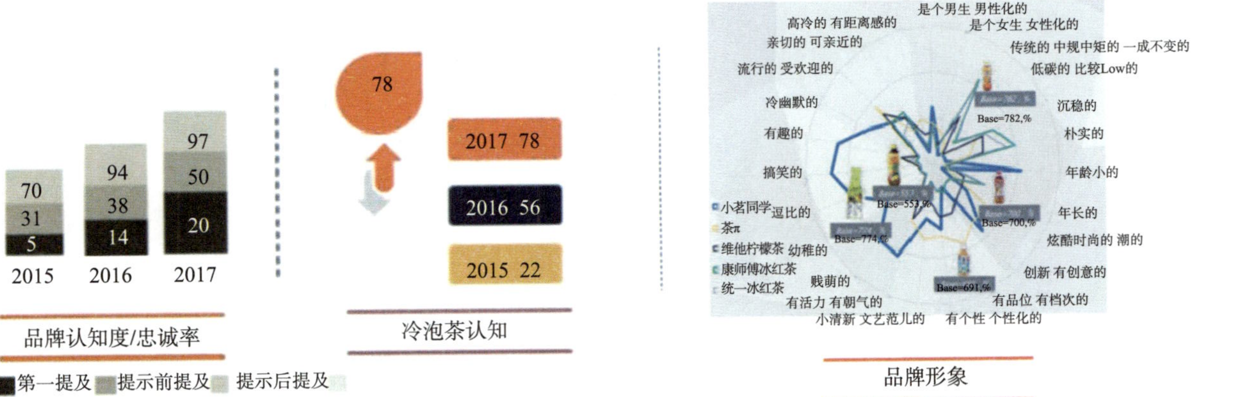

□品牌认知度：2017小茗同学品牌知名度持续提升VS2016 +12%；
□冷泡茶认知度：持续提升，VS2016年 +22%；
□品牌形象：小茗同学聚焦逗比搞笑/有活力/贱萌的品牌调性，与其他品牌区隔明显。

数据来源：品牌年度资产调研

16

图 3–13　小茗同学与腾讯合作传播效益

IP，为什么需要 CP?

IP 化，其实是去中心化后的小中心化。IP 的影响力，通常只限于小众。

亚文化是 IP 的生存土壤。亚文化是人们建立关系，追求归属感的方式。没有互联网时，虽然也有亚文化，但建立关系很难，只能在小范围内偶尔碰撞。

正是互联网，让追求相同价值观的亚文化找到了“组织”。

无论何种 IP，最初都只能吸引部分狂热的粉丝，进而形成社群，他们非常小众。

IP 发端于小众，只有小众，才有更强的传播势能。

不偏执，不传播；不极端，不传播。这是互联网传播的一个特征。所以，除了从传统迁移到互联网的 IP 外，IP 从小众发端，这是常态。

IP 的商业化，满足于亚文化是不够的，还要向更多的亚文化群迁移，甚至从小众变成大众。这个过程中，借助 CP，相互在不同的亚文化圈发酵，相互支持，就成为 IP 化生存的重要方式之一。

IP 的持续传播，需要强大的内容整合，以及新技术的整合善用，也需要不断注入社交货币（谈资），否则，IP 就会被巨量信息淹没。

互联网时代，每一轮技术创新，都会出现一批 IP。由于注意力是有限的，所以，IP 化的生存也需要 CP 化的合作。

江小白 +，实际就是 IP +，是江小白与众多同调性但不同亚文化的 IP 之间的相互赋能、相互引流。

两类 CP

有两类典型的 CP 化合作方式：

一类是亚文化类 IP（通常是自有 IP）的互动、相互导流、形成社交货币；

另一类是超级 IP（通常是公众 IP）的商业化导流。

江小白与同道大叔的 CP 化合作是第一类。小茗同学与腾讯的 CP 化合作是第二类。

超级星座 IP 同道大叔，与 IP 酒江小白，这组奇葩的 CP 跨界营销，一开始就产生了令人意外的化学反应，比如单条微博阅读量超过 1000 万+，微博话题“星座酒话”短短几天也引发了 2.9 万+条讨论量，阅读量直逼 360 万。

江小白一直在白酒中被贴着特立独行的标签，一句“我是江小白，生活很简单”，切中了多少奋斗在都市的青年落寞、无奈的痛点。而这群人刚好又是星座文化的超级拥趸，那就十分默契地成了同道大叔的死忠粉。要知道，同道大叔是国内星座文化超级 IP，在年轻人中俨然就是星座文化的符号，其 2000 万+的粉丝群体多是 17～27 岁的年轻人。由此这次跨界合作自然成为这群粉丝们的狂欢，既契合二者年轻会玩的品牌调性，又同时满足粉丝们的双重喜好。

同道大叔和江小白的十二星座订制瓶，将网红酒配上戳心星座文案，让品牌更加有趣，也为消费者创造了更多社交货币，让他们更愿意发朋友圈做二次传播。这样，自然有趣的 IP 跨界，让许多同道大叔的粉丝被江小白圈了粉，也成了江小白的死忠。

一对 CP 的一唱一和，你来我往，助推跨界营销达到高潮。

第一波中，同道大叔预热海报发布，告知专属同道大叔星座瓶诞生，江小白官方就立刻回应互动。

在第二波扩散中，同道大叔推出《12 星座酒桌战斗技能一览》漫画，其中植入的广告都恰到好处，让读者看了忍俊不禁，拍手叫好。与此同时，江小白官方微博积极回应，并带动其他漫画爱好者过来参与，形成外围扩散。

“十二星座饮酒醉”和《我双鱼为何天蝎要恨我》的话题与文章将这次跨界合作推向了高潮，在恰好传达同道大叔这一 IP 调性与江小白白酒气质的同时，也让整个合作充满趣味性。在这过程中，通过多轮微博、微信等互动形式，让粉丝高度参与进来，形成 UGC 话题海报，拉动更广泛的人群参与互动，在朋友圈扩散，进而又引得更多的关注与讨论话题，大大提升了品牌曝光度。

第四章
社　群

❶ 社群的三大功能

社群有什么样的商业价值，取决于社群能够达成什么样的功能。

社群的三大功能分别是：

- **社交功能**
- **传播功能**
- **交易功能**

更简单、更准确地表达是：**强社交，中传播，弱交易。功能依次递减。**

上述三大功能，社交是首要功能，传播和交易是商业价值，由社交功能衍生。社交产生信任背书，信任背书衍生商业。有些社群没有社交功能或者社交功能很弱，初衷就是商业，商业功能其实更难得到体现。

社群是否有强大的传播和交易价值，核心在于是否有社交价值。

社群的商业价值，就在于对社群的三大功能的理解和应用。

社群是社交结构的迁移

社群是线下社交结构在线上的迁移、放大、延伸。

人是社会性动物，社交是人类的天性。农业文明的社交受地理半径限制，传播信息的速度很慢。

工业文明创造了高效信息传递工具，如电报、电话、视频等，超越了地理限制，但基本限于单维社交，如电话。

线下社交有社交结构，是多维度社交，比如 Party、会议、论坛、闲聊等，但传统的信息工具无法实现线上多维社交，包括其他互联网工具。

微信、QQ是少数能够把线下社交结构迁移到线上的互联网工具，把人类的社会属性发挥得淋漓尽致。国民整体成为微信的重度用户，就是因为社群在线上再现了人类的社会属性，并且扩大了社交半径。

我特别强调一个词：社群结构。当一个人的社交圈进入社群后，他也必须进入社群，否则，就在线上社交结构中消失了。

人在社会中被结构化了，或者说被结构“绑架”了。

社群一旦形成了社交结构，个体就会依赖于社群，否则，就会产生孤独感，有被遗弃感，会焦虑。

年轻人，天天抱着手机，就是对社群的依赖；年龄稍大，或者职位较高的人，虽然线下工作较多，但每天一定会集中在某个时段处理社群问题。

社交是社群的首要功能

既然社群是社交结构的线上迁移，社交就是社群的首要职能。

一般来说，**社群有四类：**

一是工作圈，与职业圈子重叠；

二是亲情圈，用于家庭亲友交流；

三是朋友圈，与生活半径重叠；

四是职能圈，用于特定目的，比如微商。

上述四类社群，前三类相对简单，目的比较单纯，就是线下社交结构在线上的再现。比较复杂的是职能圈，它是传统社交圈子的扩大、延伸，这类社群是“半熟人”的天下，在微信朋友圈，这类占比较大。

没有社交就没有信任，没有信任背书，商业就有障碍。所以，在第四类客户群中，如何创造社交属性是个问题。比如，有的社群成为“丢链接”的地方，没人发言，没人聊天。这样的社群就丧失了社交属性，没有商业价值了。

美国罗格斯大学的一项研究表明，**社交网站分为两派：**

一派是 informer，即信息分享者，偏爱分享社会新闻、知识干货等，用户约占 20%。

另一派是 meformer，即自我信息者，内容多是与本人生活、情绪、感情等高度关联的内容，约占 80%。

喜欢在社交网站上随时发布你的生活状态，抓住一切机会跟那里的朋友分享想法、情绪和感情，那么就是个 meformer（自我信息者）。

如果更愿意在社交网站上贴一些新闻网站的链接，喜欢跟朋友们互动交流，而且还拥有一个追随你的小团体，那么你就是个 informer（信息分享者）。

第一类社群，informer，我称之为价值群；第二类社群，meformer，我称之为活跃群。

两类社群，适用的对象不同，都是社交方式，无所谓好坏。**一种是有专业倾向的社交，另一种是社会化的社交。**

社群的传播功能

有社交属性，就有商业传播功能。

当然，商业传播有不同的形式。有的赤裸裸，有的包装得很好。

江小白的创始人陶石泉曾说，当传播与商业发生矛盾时，宁可牺牲商业。这说明传播不是商业本身，但传播会衍生商业。

商业在社群上不一定有传播性，但只要传播性，一定衍生商业。

社群一般不传播功能，比如某产品有多好，这类“硬广”性质的传播，确实不适合。但当商业包装得有趣、好玩时，传播还是会发生的。

当商业传播与生活、情感、情绪、娱乐等相关，有社交和传播双重

属性时，传播是自然而然的事。

这就是以社交形式表现的商业，或者说经过商业包装的社交。

社群传播，单个的社群商业价值有限，当众多社群同频共振，形成交叉覆盖时，就会产生商业价值。

单纯的社群传播，传播势能并不大。当通过社群打通三度空间（线下、社群、网络空间）时，形成三度空间的传播联动，社群商业传播的价值就出来了。

社群的交易功能

社群有交易功能，但交易功能很弱。微商，也有人称为社交电商。

社交电商是重要的互联网新型渠道，但一定不是商业的主渠道，只是在某些品类可能表现得活跃一点。

高覆盖率社交电商可以形成巨大的销量，但个体的平均销量并不大。这一切，都是因为社群直接变现的概率并不大。

一个原因是社交电商或社群成员直接交易的产品，通常不是大众产品，难以满足多数社群成员的需要，而且以低频产品较多。

另一个原因是社群交易呈现边际效应递减。交易次数越多，效用越差，甚至最后社群的社交功能丧失。

社群的商业功能

所有商业，最终表现为交易。

从社群到交易，有的表现很直接，比如社交电商；有的表现很间接，比如江小白的文案传播。

社交电商，交易直接发生在社群或附属平台上。而传播共振引发的商业，形成的是流量，比如小程序。交易可以发生在线下，可以在其他电商平台，如京东、阿里。

能够让社群的商业价值放大的，恰恰是由传播引爆的商业流量。

所以，**社群最大的商业价值，不在直接交易，也不是传播，而是它的传播能够打通三度空间并且由三度空间引爆商业流量。**

社群商业与漏斗原理

从社交到商业，并不一定发生在社群中，而是经过社群筛选过滤。这个过程与漏斗相似。

2017 年，消时乐“山楂爽”创造了招商奇迹。一家小企业，3 个月招商 600 + 家。没有动用线下人员，主要通过社群招商，当然，辅助有招商会等。

消时乐招商是社群传播放与漏斗成交原理的应用。

图 4 – 1　消时乐餐饮渠道

首先与自媒体合作的社群传播引爆，在品牌商和经销商厂商层面的引爆，从社群传播进入网络，实现关注 10 万 + 。

10 万 + 的关注，形成漏斗，有 7000 + 商户建立微信联系。

7000 + 家建立联系的商户，有 600 + 商户成交。

600 + 成交商户，第一年有 100 + 商户通过新营销体系，建立了样板市场。

10 万 + →7000 + →600 + →100 + ，这就是传播与交易的漏斗原理。

传播，是放大关注，不可能每个关注都能够形成交易。

交易，是关注者一步一步博弈、筛选、淘汰的结果。这个过程形似漏斗，每一步都筛选掉一部分，漏下一部分。

上述过程中，因为有社交，所以有传播，形成了 10 万 + 的传播。

如果只是 100 人关注，都想形成交易，可能一个交易也没有。

上述过程，每一次漏斗，都是一次对商业交易高关注度客户的筛选过程，筛选过的客户，进入新社群。新社群成员的社交就带来更强烈的商业色彩，因为新社群本身就是商业取向的。

❷
社群是路由器

社群的商业价值在于连接

它是三度空间的连接的路由器，线下、社群、网络空间中，社群是连接器、放大器。

社群是连接器，意味着传统营销 B 端和 C 端分离的现象，可以变成线上线下连接、结合了。

互联网时代的商业逻辑，认知、交易、关系，三位一体。传播产生认知，传播是核心。

社群的三大价值，社交、传播、交易，传播又是商业流量的入口。

互联网商业中，传播是个关键词。

互联网传播中，社群又是个关键词。

一切的一切，说明**社群在新营销体系中的价值极大，甚至可以说是传播中枢。**

社群：连接 B 端 C 端

传统营销，线上传播与线下销售活动是分离的。

传统营销分为品牌驱动和渠道驱动，或者品牌渠道双驱动。

品牌驱动就是“大喇叭使劲喊”，直接驱动C端，倒逼B端。

渠道驱动就是深度分销，利用终端店主的三位一体（关系、认知、交易三位一体）。因为生活半径与商业半径重叠，所以店主的推荐非常有效。即使没有品牌驱动，渠道驱动曾经支持着一些本土品牌崛起。

品牌驱动也可以称为C端驱动，渠道驱动也可以称为B端驱动。即使品牌驱动的企业，也必须有渠道驱动支持，可以称为B端C端双驱动。

总之，B端驱动与C端驱动是相对独立的。

社群的出现，B端和C端一体，线下进入线上，陆军也是空军，B端C端集成了。

三位一体与三度空间

在互联网营销体系中，社群起着极为重要的作用。

社群有三大价值，社交、传播、交易。传播是商业的入口，是流量的来源。

施炜老师在《连接》一书中提出互联网时代的三位一体，即认知、交易和关系的三位一体，这意味着线上线下一体，没有什么B端与C端之分。虽然传统的通路仍然存在，但线上线下一体是大趋势。

三位一体，意味着必然打通传播的线上线下，这就是施炜老师的另一个概念：三度空间——线下、社群、网络空间。

线下是传统渠道，是可控的；线上是网络空间，基本不可控。

那么，连接线上线下的连接器是什么？社群。

因为有社群这个中间环节，从线下进入线上也是可控的。

截至目前，互联网传播的引爆，多数是直接从C端引爆。但是，C端引爆的规律很难掌握，有极大的偶然性。

因为传奇，所以不可复制，没有传播的方法论价值。这是我对目前多数 C 端引爆案例的评价。

从方法论角度，我们需要的是可复制、可控、可预期的传播引爆模式。通过社群打通三度空间恰恰可以做到。

线下与社群的连接

传统的线下渠道，就是厂家、经销商、零售店，都是 B 端，只有零售店主是与 C 端的接触点。

整合营销传播（IMC）的创始人唐·舒尔茨提出：所有接触点，都是传播点。

但在传统营销时代，这是美好的理想。社群的出现，理想可以变成现实。

线下渠道之间，是人与人之间的关系。在《中国式营销》中，我曾经提出，中国交易的特点就是交互营销，双方都是推销者，在讨价还价中达成交易，获得满足。

交互营销是农耕文明残留的商业痕迹，在世界范围内较为少见。农耕社会的生活半径较小，社会稳定性高，交易过程互动多。这种商业痕迹仍然存在于线下。

互联网时代，每个人的社交结构被迁移到社群上，而且社交半径扩大了，社交频率提高了。

传统线下社交，因为精力有限，所以朋友圈的社交频率较低，而互联网社交是高频社交，交互频繁。

每个人的社群圈是封闭的，但多人的社群就形成了交互，形成共同的社交子集。比如，两个人有共同的微信朋友。在朋友圈点赞，就能够被共同的朋友看到。

两个不相识的人在客户群发出的信息，完全可以被双方共同的朋友接收，这就是交叉覆盖。

交叉覆盖达到一定程度，商业传播的效果就出来了。**商业传播的效果，一定是持续的传播覆盖的结果。**

线下发起的传播是可控的，从线下到社群的传播达到一定强度，就会形成商业传播效果。

中国的线下渠道，在深度分销时代形成了人员的高密度，现在面临高成本的问题。现在从传播的角度看，人员高密度恰恰形成了强关系，通过强关系进入社群，商业传播可以被放大，这也是一件好事。

社群与网络空间的连接

2018 年 1 月 10 日，我与施炜老师、丁丁老师三人进行直播，301 万人在线。

图 4－2　我与施炜老师、丁丁老师三人的直播现场

直播就是网络空间。

网络空间还包括网站、博客、微博、公众号等，传播发酵往往在网络空间，但传播发酵的规律目前还未知。

在网络空间上，一度有“水军”。“水军”的作用就是尽可能多地发起传播。在没有社群网络的时候，这几乎是唯一可操纵的办法。

从可控的社群进入不可控，但传播容易发酵的网络空间，现在有了路径。

在三度空间框架下，**社群是可控制地从线下进入网络空间的连接器。**

从线下进入社群，这是传播的第一次放大。

从社群进入网络空间，这是传播的第二次放大。

经过两次放大，传播效果会大增。当然，前提是传播的内容有互联网传播性。

社群的连接与放大

三度空间，线下与社群有连接，社群是社交结构的迁移。

社群与网络空间也有连接，社群是可控的、有边界的；网络空间是不可控，无边界的。

传统媒体传播时代，线下与线上没有连接。甚至 PC 时代，连接也有限。

只有借助于社群，三度空间才被打通了，而且可以通过传播，把商业价值放大。从这个角度，无论怎么评估社交的商业价值都不为过。

定向传播

线下关系，有很强的地域性。从线下进入社群，也有较强的地域性。

网络空间的传播，地域性相对较弱。

有地域性，就可以定向传播。

线下和社群都有地域性，意味着经过放大的网络空间传播，也有了较强的地域性。

有些地域性的企业，传播要求有较强的定向性，比如，做一个县级市场，就面向一个县做定向传播。毕竟，所有的传播都有代价。

传播可以定向，不仅可以少浪费资源，也可以加强传播的强度。

❸
社交流量，流量之源

BAT 之所以厉害，因为它们是流量王，拥有分配流量的权力。

百度占有搜索流量，阿里占有电商流量，腾讯占有社交流量。

百度和阿里的流量均属功能性流量。对用户来说，均非高频流量，流量有天花板。

腾讯就不同了，社交是人的天性，**社交流量是高频流量，社交流量永不枯竭。**

甚至可以说，社交流量是一切流量之源。

流量的变迁

商业伴随流量而生，只不过过去不用流量这个词。

流量的变迁大致可分为三个阶段：

第一阶段是传统的社区商业。农业文明和工业文明早期的商业形态就是如此，比如杂货店。

中国现在的流通环节，仍然是社区商业。

社区商业的基本特征，就是店主的生活半径与消费者的生活半径重叠。

因为生活半径重叠，所以形成了三位一体的关系，即关系、认知、交易三位一体。关系的建立是因为生活半径重叠，即熟人关系。

这个时代，便是“好酒不怕巷子深”的时代，因为山沟沟没多深，巷子深也没关系，不影响认知。

第二阶段是中心商业。中心商业，店主的生活半径不仅与消费者生活半径没关系，即使是消费者也是到远离生活半径的商业中心购物，比如百货商店、商业街、KA 等。

中心商业，地段就非常重要。所以商业的核心要素是：地段，地段，还是地段。

地段就是流量，客流量。中心商业进入中国，变成了流量分配，即使是沃尔玛也不能免俗。

流量分配，不是靠前台价差赚钱，而是收取各类后台费用，如陈列费等。

第三阶段是线上中心商业。阿里、京东，包括各类垂直 B2C，都是线上中心商业。

线上线下中心商业的逻辑是一样的，都是流量平台，都是流量分配，赚取级差地租。

中心商业的宿命

哈佛教授麦克奈尔提出一套理论“零售商业轮转假说”。

新型商业机构初期都是“三低”（低地位、低毛利、低价格），如果成功，就会改善设施，提供更多服务，就会增加费用，强制价格提高，结果都会与它所替代的商业机构一样，成为“三高”（高地位、高毛利、高价格），直至新的商业机构出现。

我把“零售商业轮转假说”称为中心商业的宿命，谁也逃不过，包括电商。

商业增加最快的成本，不是商业设施成本，不是人力成本，不是供货成本，而是房租，或称级差地租。

优质地段总是稀缺的，对优质地段的争夺，导致房租增加很快。所以，商业轮转，从“三低”向“三高”转化不可避免。

地段的争夺，本质上就是流量（客流量）分配。

中心商业的宿命，电商也逃不过。**现在的 B2C 也是中心商业，只不过是线上中心商业。**

电商的演进，未来也一定符合“零售商业轮转假说”。一定会出现新的电商“三低”替代目前的电商“三高”。阿里、京东的流量费急剧上升，其逻辑与线下中心商业一样。

平台流量逻辑

阿里最早是做 B2B 的，虽然地推厉害，但流量不大。

淘宝是 C2C，淘宝能做成，因为对标“eBay”。eBay 收费，淘宝不收费。

淘宝不收费，就吸引了大量小商户。小商户进来，也带来了部分消费者。这是淘宝最初的流量来源。

线上流量有一个引爆点，当达到引爆点时，流量会激增。这是围观心理。线上平台之所以比线下更大，除了线上没有地理距离外，就是集体围观。

阿里的厉害之处，就在于 C2C 做到一定阶段，果断升级为 B2C。

B2C 让主流商家进来了，品质也得到了保证，所以，逐步把 C2C 边缘化。

微信火爆后，基于微信的商业曾经火爆了一阵子，但因为没有从 C2C 升级为 B2C，所以没有闹出大动静。

不从 C2C 升级为 B2C，就很难成为主流。**C2C 是吸引围观的模式，B2C 是稳定流量的模式。**

阿里从 C2C 到 B2C 的演进，验证了电商从“三低”到“三高”的过程。

社交流量，流量之源

在电商流量接近枯竭，B2C 接近天花板的时候，拼多多突然火了。

没有腾讯引流，就很难有拼多多。

互联网最大的流量源自社交平台，如微信、QQ、Facebook、推特等。社交平台本身不是商业，但它一定衍生商业价值。这也是微信红包火爆后，马云极其焦虑的原因。

人类历史上，有很多信息工具，如电报、电话、电台、电视。这些均在某个阶段成为社会的基础设施，但远不如微信那么完整地把线下社交结构整体搬到线上。

注意，我说的是社交结构。**一个人的社交圈构成了一个社交结构，社交结构在微信上，个体就必须在微信上。**

无论是家庭结构、工作结构，还是纯粹的朋友圈，都整体搬到微信上了。

离不开微信，就是因为社交结构在微信上，个体离不开结构。

不仅社交结构搬到线上，而且社交圈子放大了。

如果说电话号码本是熟人圈的话，微信朋友圈就是半熟人的圈子。

不仅朋友圈子扩大了，社交频次也更高了。线下见面不易，打个电话怕打扰，发个微信很正常。

人的社会性，决定了社交是人的基本需要、社会行为。

社交流量与商业

B2C 电商平台的形态，目前是中心化的。

中心化的平台，一方面说明它有稳定的巨额流量；另一方面，流量的二次分配，必然形成级差地租，造成流量费越来越贵。这不是任何的人意志决定的，这是中心商业的必然。

平台商户要想降低流量费，就只有创造独立流量。独立流量是与平台博弈的筹码。

独立流量从何而来？从社交平台而来。

如果说过去传统媒体，如报纸、电视吸引了观众和读者的注意力，那么，现在最吸引公众注意力的是社交平台

特别是微信之类的社交平台，把人类线下的社交结构整体搬到线上。因为个体对社交结构有极大的依附关系，所以，把每个人都带到社交平台上来。

社交流量成为这个时代永不枯竭的流量，社交流量是一切流量之源。

让社交流量商业化，这是信息文明时代商业所需要的基本能力，不论这个社交平台是微信、QQ，还是别的平台。

第五章 传 播

❶ 互联网认知战

营销的本质是信息不对称。通过传播信息，改变受众认知，认知决定了消费行为。

可以说，营销是一场认知战。定位理论就宣称，要占领消费者心智。

在不同的时代，因为技术手段不同，改变认知的方式不同，营销技术也不同。

传统媒体时代的认知战，是通过持续的传播，产生强化性记忆。

互联网时代的认知战，是通过瞬间的信息击穿，引起情绪共鸣，快速改变认知。

互联网时代的传播，是一场不同以往的新认知战。

传统认知：强化记忆

在传统认知战中，有三个关键词：

一是 SLOGAN；

二是传播持续期；

三是最低传播投入。

在传统传播中，**SLOGAN 很关键**。传播，其实是传播 SLOGAN。

SLOGAN 就是传播的记忆点，这个记忆点要能够占领心智，也要便于记忆。

传播持续期，就是持续传播的时间。时间太短，不便于大众产生记忆。

最低传播投入，实际上就是传播次数。

1986 年，春都火腿肠的老板高凤来准备到央视做广告，计划投入 20 万元。央视广告部告诉高凤来，广告要有效，最低要求是：每天做三遍，连做三个月。最低投入 100 万元。

这里，连做三个月，就是最低传播持续期；投入 100 万元，就是最低传播投入。

传统认知可以这么解读：通过持续的强化传播，让受众记住一句话（SLOGAN）。

传播有效要具备两个条件：

一是传播的 SLOGAN 能够占领心智，否则再多的投入也无效；

二是持续的强化传播，产生强化记忆。

对于大众而言，最有效的强化记忆就是不断重复，所以，传统传播中，一个广告片播几年并不鲜见。

这个过程，营销管理专家施炜老师形容为“大喇叭使劲喊”，喇叭越大，嗓门越大越有效。

施炜总结为五个特点：

第一，面向未区分的大众顾客；追求传播的广度、范围和到达率。

第二，传播方式为单向传播，好比登上山顶向下高声呐喊，属于与顾客的非直接接触。

第三，尽可能控制传播的制高点和资源，既包括媒体，也包括内容和吸引注意力的认知资源。大众传播模式下，传播范围最广、传播效应最强的制高点，是中央电视台及其独播的重大事件/活动，如奥运会赛事、世界杯赛事、春节联欢晚会等。

第四，传播竞争的关键是资源（资金）投入。投入越大，传播密度（传播压强）越大，传播成功的概率越大。可以说，高强度传播是塑造品牌、实现品牌增值的必要条件。

第五，通过时间上的反复传播和空间上的整合传播（使消费者在不同时间、不同场景反复接触广告信息），营造消费者无法逃遁的信息“场”，影响和控制接受者的认知。

施炜老师的上述总结很精辟，传统传播有效有一个前提：大众传播媒体的寡头垄断，受众接受信息渠道有限。

新认知：瞬间击穿

互联网传播，传统传播模式不灵了。无论是SLOGAN，还是持续的强化传播都很难灵验。

一是互联网是去中心化的，虽然有一大堆大V、超级IP，但像中央电视台那样的“大喇叭”没有了。去中心化，其实是多中心化，小中心化；

二是互联网的传播，根本不可能像传统广告那样“一个广告片子播一年”，**没有持续强化记忆。**

互联网传播，每天都是新鲜东西，根本就不存在一个天天传播的SLOGAN，即使付费也难有人点击。

互联网传播有三个关键词：一是UGC或PGC；二是情绪共鸣；三是瞬间击穿。

UGC或PGC，是为了产生更好的传播信息；

情绪共鸣是传播信息能够疯传、迅速繁殖；

瞬间击穿是信息瞬间达到足够的强度和密度，像原子弹一样引爆，瞬间完成量变到质变的过程。

相比于传统传播时代，专家或创意人员创造的SLOGAN，互联网传播的UGC或PGC或许更有传播力。

UGC，用户原创内容。用户将自己原创的内容通过互联网平台进行展示或者提供给其他用户。

PGC，专业生产内容，指专业生产内容（视频网站）、专家生产内容（微博）。用来泛指内容个性化、视角多元化、传播民主化、社会关系虚拟化。

从内容上，PGC生态系统是从内容生产、内容推广到品牌的形成、粉丝的汇聚，最终内容品牌被粉丝反哺并进行自推广的整套生态闭环。

无论UGC还是PGC，贯彻的都是“从粉丝中来，到粉丝中去”的粉丝反哺路线，更能引起受众共鸣。

UGC或PGC，是互联网时代的一种信息生产和筛选模式。大浪淘沙，留下的都是金子。

互联网传播，受众不再仅仅是受众，也是发起传播的起点，这个过程称为自主再传播。

什么样的内容适合自主再传播？通常情况下，越是引起受众共鸣的内容，越容易再传播。在场景的产品逻辑中，我们已经说到，一定要在场景中发现情绪，因为情绪容易共鸣，容易传播。

情绪共鸣，再传播，如果传播链延长，达到传播的临界点，就会传播引爆。

传播引爆，就是瞬间击穿。在互联网媒体上，传播信息进入头部。

一旦进入头部，马上吸引更多的关注者，从而营造一种氛围，产生巨大的传播力。

互联网传播往往有传奇色彩，传奇之处就在于引爆太突然，瞬间击穿，爆发出巨大的传播量。

比较一下，传统传播靠持续的强化记忆，互联网传播靠瞬间击穿。传播模式差距巨大。

瞬间击穿产生的记忆，首先是传播强度更大（交叉覆盖），其次是更容易记忆。一般来说，UGC的内容比SLOGAN更容易记忆。

总的来说，**瞬间击穿有两个条件：**

一是信息本身在传播过程需要极强的繁殖能力，要像细菌一样快速繁殖，所以，对信息本身的要求极高，才能“疯传”；

二是对发起平台的要求高，要么平台本身就是传播力极强的受众，要么平台人数足够多。当然，操作得好的话，普通人也可以是信息传播的发起者，如消时乐传播模式。

只要瞬间击穿，马上就会产生二次传播，即对传播现象的评论。由于互联网的评论跟进速度快，几乎在信息击穿的同时就会跟进，所以，瞬间击穿还会带来第二轮传播。

小众发酵，大众引爆

互联网传播瞬间击穿的案例很多，是否有可复制的模式？否，传奇就是绝唱。

不同于社会新闻的瞬间击穿，可能无任何征兆。**商业传播的瞬间击穿，其实是有规律的。**

这个规律就是：小众发酵，大众引爆。

在小众圈里吸引高势能人群的关注，在小众圈子里积累能量。这个过程，大众可能没有感知。但是，对于商业传播，这个过程必不可少。

吴声在《超级 IP》中说道，亚文化群是超级 IP 的生存土壤。超级 IP 的成长路径就是从小众文化走向大众流行。

对于超级 IP，大众审美和主流趣味是毒药。不粉丝，不传播；不偏执，不传播。

有些小众永远是小众，有些小众引爆成为大众流行。**跨越小众，成为大众，是引爆的必要条件。**

所以，在互联网传播中，**取悦大众没有价值，让大众追逐才有**

意义。

从小众到大众，需要跨界。从个别小众到多个小众，当跨界到一定规模，就会跨越所有小众，成为大众流行。

跨越所有小众的那个时刻，就是瞬间击穿。

消时乐的创始人李学锋说：“没有什么‘突然跃出水面’，都是在‘水下憋气很久’。大众看到了瞬时击穿，没有看到小众的原始积累。”

图 5－1　思想罐

瞬间击穿的强度和密度

传播的强度和密度，这是传播有效的必要条件。不论传统传播还是互联网传播均是如此。

有一个老板曾经总结区域广告的秘诀：虎头蛇尾。广告初期一定要高强度、高密度传播，引起关注、记忆；一旦形成记忆，广告强度和密度就可以降低，通过持续的广告提醒，加深记忆。

互联网传播同样如此，只有形成传播信息的交叉覆盖，形成足够的强度和密度，才能瞬间击穿。

同样是传播的强度和密度，传统传播和互联网传播的差别在于，一个是可控的，一个是不可控的。传统广告的传播节奏是可控的，互联网传播一旦发起，节奏就不可控。比如，一条传播信息一旦发出，要么迅速“繁殖”，被不断转发，要么传播链断裂，无声无息。

互联网传播的内容一旦生产出来，传播调性就决定了。**传播调性决定了信息发出后的转发率，只要发出，就不可控。那么，能够控制的只能是传播平台和传播发起人的密度。**

目前的互联网传播发起可以简单总结为两种模式：

一种是全国性的大平台发起，需要依靠大V、超级IP，以及一些传播平台的整合。依据我的观察，早期依靠大V、超级IP还是很有效的，瞬间击穿的概率很高，现在仅仅依靠几个大V、超级IP可能很难，即使数千万的点击量也难以做到瞬间击穿；

另一种模式就是区域高密度瞬间击穿，不依靠大V、超级IP，仅仅依靠KOL，甚至普通传播者，只要达到了交叉覆盖，就容易瞬间击穿，完成区域的传播认知。消时乐和优布劳就属于此类。

相比较，全国性引爆需要的是压力，区域性引爆需要的是压强。一旦成功，全国范围依靠大V、超级IP瞬间击穿的模式有传奇效果，容易引发二次传播；依靠区域交叉覆盖引爆的模式可以复制，但无二次传播需要的传奇故事。

引爆之后的持续传播

传统传播演绎了从量变到质量的过程，只要持续强化，就会形成强化记忆。

互联网传播，早期的小众积累是“隐性量变”过程，瞬间击穿是质变过程。因为早期的小众积累是隐性的，所以大众看到的是传播传奇。

互联网时代，大众兴趣转移很快，每天都有瞬间击穿的信息发生，热度衰减很快。所以，一旦瞬间击穿，还必须持续强化。这个过程，更像是瞬间质变后的量变强化。

因此，即使是瞬间击穿后，仍然需要持续的内容传播，不断提醒，形成重复记忆。

一般来说，传播引爆后，传播调性已经基本确立。如何按调性快速生产传播内容是关键。

一个有持续内容生产能力的传播部，对于互联网传播太重要了。

❷ 要么引爆，要么哑炮

共振的力量

世界上最渺小，又最强大、最神奇的力量，是同频共振。

18 世纪中叶，法国昂热市一座 102 米长的大桥上有一队士兵经过。当他们在指挥官的口令下迈着整齐的步伐过桥时，桥梁突然断裂，造成 226 名官兵和行人丧生。

究其原因是共振造成的，因为大队士兵迈正步走的频率正好与大桥的固有频率一致，使桥的振动加强。当振幅达到最大以至超过桥梁的极限时，桥就断了。

很多人听过一个励志的故事。一个和尚轻轻敲一口大钟，钟不动。但只要持之以恒，慢慢的，钟就摆动起来了。

这个励志故事有一个前提：和尚敲钟的频率相同。乱敲是不行的，所以励志也要讲科学。

这个故事，科学意义上说靠的就是共振。

共振在声学中亦称“共鸣”，在电学中，振荡电路的共振现象称为“谐振”。

共振，意味着只要频率相同，振幅是可以叠加的。

微小的力量叠加，能产生巨大的能量。这就是共振的神奇之处。

互联网是去中心化的，去中心化的传播引爆，就是同频共振的结果。

引爆的临界点

传统传播有一个粒子原理。每一次广告，都相当于发射一个微小的粒子，粒子很小，当然无法打动消费者。但是，只要持续发射粒子，终有一天，或者部分消费者会被“击倒”。

这个“击倒”的粒子数量，就是广告阈值，或者说临界点。

临界点，是一个广泛应用的概念。比如，核弹爆炸，也是因为达到了临界点。

临界点，是从量变到质变的分界点，是传播的绝对数量或密度。

在临界点以下是净投入。在临界点以上是净产出。

这就如同挖井，只有挖出水才有价值，否则，前面的投入没有意义。

在研究共振时，**有两个关键词：**

一个是频率，要同频，同频才能共振；

另一个是临界点，要达到临界点，到临界点才能有突破性效果。

共振，先要共鸣

传统媒体时代，大型媒体将新闻放在头条，就是头条新闻。

互联网时代，这个原理仍然适用，毕竟，任何时代都有大咖，都有中心化媒体。

还有一类头条，占据头条很偶然，是同频共振的结果。

“世界那么大，我想去看看”，这是河南省实验中学某老师的一封辞职信，网友评这是“史上最具情怀的辞职信”。

这封辞职信走红，是偶然中的必然。

说它偶然，仅仅是因为一位朋友觉得有意思，拍摄辞职信后发到网络上。每天发到网络上的这类信息多得很。

说它必然，就是因为它太容易引起共鸣了。

有共鸣，就同频。有同频就有可能共振。

互联网时代，大量头条就是同频共振的结果。出乎意料，又在情理之中。

情绪共鸣，就是互联网传播的同步共振。

情绪共鸣是移动靶

在传播领域，传统中心化的媒体力量减弱了，新的中心化又产生了。

同时，也产生了大量的小中心。自组织、自媒体盛行。

自组织、自媒体，意味着传播力量分散了，产生头条更难了。

都知道段子、养生的文章受关注，生产的量大了，传播量就被摊薄了。

尽管中国人天天抱着手机，但人的注意力资源是有限的。

都知道扎心的文章容易上头条，有人写了条“世界那么大，我想去看看”上了头条，你写条更扎心的文章试试。

传播奉行边际效用递减原理，别人用过的，你做得再好也无法上头条。

每天都有头条，但每天的头条都只有一条或那么几条，争夺的人多了，进入头条的门槛就高了。

齐步走，能让桥梁断裂，是因为齐步走的频率与桥梁的固有频率一致，这有极大的偶然性。

传播的情绪，与社会情绪共鸣，这仍然有极大的偶然性。特别是社会情绪是不断迁移的。

社会情绪共鸣是移动靶，把握社会情绪很难。商业情绪刚好与社会情绪共鸣，非常难。

C 端传播难复制，C 端传播规律难把握，就是因为社会情绪是移动靶，而商业传播刚好与社会情绪实现同频，很难。刚好同频了，其实有偶然性，难复制。

注意力资源稀缺

任何一个时代，注意力资源永远是稀缺的。当然，因为技术进步，人们获取信息的时间和数量在增长，但没有改变注意力资源的稀缺。

自组织、自媒体、自传播时代，信息的生产量增加了。因为注意力资源的稀缺，传播资源薄了。

任何时代，大众关注的头条数量永远是恒定的。**社会注意力资源是恒定的，不会因为自媒体时代传播量大了，头条就更多了**。具备上头条的传播很多，因为头条数量是恒定的，所以，传播引爆的临界点会越来越高。

达不到传播的临界点的传播，是无效传播。因为传播资源被摊薄，更多的传播无法达到传播的临界点。

传播达不到临界点就边缘化了。传播，要么引爆，要么哑炮。

互联网传播只有两个结果，要么是 0 ，要么是 1，没有中间状态。这也是互联网传播让人困惑的地方。

正因为如此，互联网传播都希望创造奇迹。只要形成奇迹，还有可能引爆第二轮的现象级传播。

把脉引爆临界点

有一个说法是，引爆的临界点人数是144000人。

10万+的文章，总会在一定范围内形成高关注，或者形成二次传播，或许就是接近引爆的临界点人数。

公众号文章，传播超过10万+的文章多，但商业传播超过10万+的不多。

临界点，由一种状态变成另一种状态前，应具备最基本条件。

0度是临界点，冰在0度变成水；100度是临界点，水在100度变成水蒸气。

对于传播，在临界点之前，传播是线性增长。达到临界点后，传播是指数增长。

传播引爆，一是要找到传播的临界点；二是要找到接近临界点的方法。

找到了传播临界点，传播就有了目标。

找到了达到临界点的方法，传播引爆就是可控的。

传播密度与交叉覆盖

144000人是传播的临界点。这个判断有一个前提：不受控传播。

如果是受控传播，比如定向传播，可能就不需要这么多的绝对传播人数。

我提出另一个引爆传播的概念：传播密度。

当绝对传播人数不够的时候，增加传播密度同样可以引爆。

传统广告的收视率很低，1%已经是不错的收视率。收视率可以视为传播密度。因为传播密度低，所以需要持续传播。

社群传播，人以群分。所以，实现定向传播，或者向特定区域的传播是可能的。

当资源投向特定人群，或特定区域时，就可以提高传播密度。

当传播达到一定密度时，可以实现交叉覆盖。比如，某个人从多个信息源（朋友圈）获得同一个商业信息。

在微信朋友圈，这种现象多得很。

只要交叉覆盖达到一定人数，即使没有达到 144000 人，同样能够引爆传播。

高密度的传播交叉覆盖，能够弥补绝对传播量的不足。传统传播时代也有这种现象，比如，史玉柱脑白金的传播，就是率先在县级市场高密度覆盖引爆的。

传播，绝对的传播量或绝对的传播密度，都是传播引爆的必要条件。

受控引爆

除了传播内容缺乏共鸣外，C 端传播不受控，这是传播难以达到临界点的原因。

B 端传播虽然受控，但传播效率又非常低，更难达到临界点。

如果 B 端传播与 C 端传播结合，达到临界点之前的传播是受控的，超过临界点后的传播是否受控，已经不重要了。

施炜老师提出的三度空间理论，线下传播是受控的，社群传播也可以控制，网络空间的传播不可控，但传播达到临界点后，恰恰需要不可控的传播。

临界点之前的传播线性增长，可控；临界点之后的传播指数增长，

不可控。这不正是传播所需要的最佳组合吗？

B 端传播组织

互联网传播，要么从平台导流，要么以共鸣性的传播内容引爆。这是目前的主要传播引爆方式。

从社交平台导流，流量费很贵，而且会越来越贵。

以扎心内容导流，有极大的偶然性。当然，只要方法得当，并且长期坚持总有成功的那一天。

总有成功的那一天，但就是不知道是哪一天，也很折磨人。成功需要坚持，但并非坚持的都成功了。

如果找到传播先后进入规律，并且传播受控，传播引爆就可以是必然。其中两个因素很关键。

一是传播内容。内容没有共鸣，不能同频共振。传统媒体的付费传播，哪怕缺乏传播性，这样的广告仍然天天有人做。

互联网传播，如果内容不适合传播，那就肯定无法传播，即使付费，传播量也不会有多大。

二是建立 B 端传播组织。只有拥有受控的传播组织，传播才是受控的。

怎么建立 B 端传播组织？就是利用线下组织，打通三度空间，从线下进入社群，从社群进入网络空间。

从线下到社群，这是可控的，要达成临界点的线性传播。

从社群进入网络空间，只要达到临界点，就能够实现传播的指数增长。

❸ 链接：三本畅销书，三个引爆理论

引爆，是互联网传播常用的一个概念。“集体围观，瞬间击穿”是互联网引爆的特点。

关于引爆流行的理论，有三本畅销书：《引爆点》《疯传》《思维病毒》。

这些书本身就引爆了。尽管有点深奥难读，但硬着头皮读下去一定收获匪浅。

难读的书，多啃几遍就懂了。

人生进步，一定要多啃自己读不懂的书。

《引爆点》

美国作家马尔科姆·格拉德威尔（Malcolm Gladwell）的《引爆点》一书强调，许多难以理解的流行潮背后，都是有原因的，如果能够掌握这些因素，就可能推动起一个流行潮。

《引爆点》提出了引爆流行的**三个法则**：

（1）**个别人物法则**。现在的网络语言应该叫“铁粉法则”。

下列三种人导致了流行的发生：

一是“联系员”，就是那种“认识了很多人的人”；

二是“内行”，就是那种“什么都懂的人”；

三是“推销员”，就是那种“什么人都能够说服的人”。

图 5－2　《引爆点》

在中国，这三类人可能是一个人，就是“铁粉”或 KOL。社群传播，从“铁粉”开始发散。

（2）**附着力法则**。叫作“简洁语言法则”可能更直观。

有些话让我们“左耳进右耳出”，但是另一些却让我们听过了再也忘不掉。附着力法则所说的就是当被传播的信息是容易被注意、记忆的，则容易形成流行。

比如雷军的互联网思维，比如马云的格言，虽然争议不少，但简洁好记。当然，如今的不少社群内，多数“推销员”也都在换着花样，让自己的言辞格调打上烙印。

（3）**环境威力法则**。叫“大众心理”法则可能更清晰。

大众心理是变化的，今天对这个感兴趣，明天对那个感兴趣，传播要把握大众心理。

满足上述条件，就可以引爆流行。

商业上的引爆，多数情况下都是有组织地按照既定流程发生的，当然，还得有那么点小运气。

《疯传》

《疯传》一书中总结了6大原则，能让产品或思想快速传播，造成巨大的社会影响，从而赢得海量的用户。

图5-3 《疯传》

这6大原则分别是：**社交货币、诱因、情绪、公共性、实用价值、故事**。英文首字母分别是s、t、e、p、p、s，因此也被称为Stepps法则。

（1）Social Currency“社交货币”原则

一个话题借助人与人的交谈进行传播的过程，很像一张被人们递来递去的纸币，于是话题就成了人们承载信息、进行交流的“社交货币”。

就像人们使用货币能够购买商品和服务一样，使用“社交货币”能够获得家人、朋友和同事的更多好评和更积极的影响。

所以我们会去共享那些能够让我们显得更优秀的事情，同时通过支付这一类“社交货币”，我们买到了别人的好评。

（2）Trigger“诱因”原则

我们每时每刻都会接受大量的信息，有些信息从眼前流过，有些则会沉淀在脑海中。直到偶然的情况下，某些刺激物会瞬间激发沉淀在脑海的记忆，这些刺激物就是诱因。

要让信息长久地受人关注并引起传播，就需要使用易于理解的思想和观点来诱导人们的行为，同时与高频事件挂钩，带动人们的行为。

诱因刺激了口碑传播行为，并在一定的刺激过后引发后续行为。

（3）**Emotion“情绪”原则**

人是情感的动物，在社交过程中，人们无时无刻不在向他人分享自己的情绪，因为人类天生能够理解他人的感受并产生共情。

有感染力的内容经常能够激发人们的即时情绪，因此，带有情绪和能激发情绪的内容，天生就具有极强的社会传播性，经常能被大家讨论，从而获得认同和传播。

究其原因，并不是因为这些话题值得传播，而是因为人们会传播具有传染性的情绪。

所以在设计营销文案时，可以适当注入一些对人们行为有高唤醒的情绪因素，比如愤怒、敬畏、幽默、紧张等，大家看完也会更愿意去传播和分享。

（4）**Public“公共性”原则**

要想产品或思想获得传播，首先要把它放在所有人眼前，并尽可能推动更多人注意到它，进而认同、模仿它，把它从私人的、不公开的信息，变成可见的、公开的信息。

所以构建可视的、正面的事物，设计一些具备公共应用性的产品和思想，让这些事物变得更具观察性，就可以让它们更好的被模仿。

而人们这种相互模仿的天性，恰恰构成了很多行为或思想传播的根源。

（5）**Practical Value“实用价值”原则**

人们喜欢传递实用的信息，如果觉得有用，人们就会情不自禁地分享。所谓实用就是那种你觉得有用，还觉得别人也可能用得上的信息。

而在这一过程中，除了收获帮助他人的满足感，更实现了自我形象的塑造。我们需要将产品的有用性更加清晰地展现在顾客面前，使人们心甘情愿地传播这些内容。

（6）**Story“故事”原则**

人们喜欢故事，那些流传最广、生命力最顽强的思想，一直是各种各样的故事。

故事是一种最原始的娱乐形式，是最好的传播路径，故事也更容易被人们记住。

借助故事的形式，提炼并融入产品或思想的核心信息，进而推动传播。只要人们传播故事，就是在传播产品或思想。

所以，如果要传播一个概念或思想，用故事的形式来包装它，最容易让人接受。

如果你想将产品、思想、行为设计成具有感染力和传播力的内容，就需要先摸透书中的6大原则，同时在日常生活中不断检验，想办法让受众去分享你的内容。

让你的信息在网络上传播开，让你的产品、思想、行为像病毒一样入侵，也就容易达到疯传的效果了。

《思维病毒》

（1）**流行引爆的是一种思维病毒**

无论何种事物流行，实际上受众接受的是思维。引爆实际上是一种自我复制，复制到临界点就引爆了。流行是思维病毒引爆的结果。

自我复制是病毒的典型特征。自我复制，就是接受者也是传播者。病毒存在于三类空间：生物、计算机和思维。

病毒一刻不停地利用外界的一切环境资源进行自我复制。**病毒的终**

身使命就是传播，尽可能多地复制自己。

病毒的四个特征：侵入、复制、发布指令、传播。

图 5－4　《思维病毒》

人类如此善于学习，以致思维病毒可以轻易侵入大脑；通过人与人之间沟通，实现自我复制。思维病毒将模因注入大脑，借此发布指令，影响人们的行为；当一连串的行为映入他人大脑，病毒就实现了传播。

思维病毒必须具备三个条件：渗透、忠诚地自我复制和自我传播。

（2）**思维病毒复制的是模因**

病毒复制的是复制因子。世界上最有趣的两种复制因子：基因和模因。基因实现生物复制，模因实现思维复制。**流行引爆是复制模因的结果。**

模因可以是音乐曲调、思想观点、格言警句、时尚款式、制壶工艺、建筑风格等。

模因的生物学定义：模因是一种可以被模仿、传播的事物，是人类模仿的基本单元。

模因的心理学定义：模因是一种类似遗传基因、文化传承的基本单元。

模因的认知学定义：模因就是一种思想。一种由许多独立、可记忆的单元构成的复杂思想，这种思想的传播媒介就是模因的客观表现。

模因的专业定义：模因是存储于人类大脑的信息单元，通过自我复制进行传播。

（3）**三种类型的模因**

世界充满了利用思维病毒传播的模因，所有模因都在争夺思维的领地——认知和注意力。

思维病毒传播的是思维，操纵的是世界。**三种类型的模困是：特征模因、策略模因、联想模因。**

特征模因用于区分事物，比如看到“金拱门”就知道是麦当劳；

策略模因用于表达因果，比如看到警察就减速；

联想模因用于两个模因之间关联，如“每个成功的男人背后都有一个默默付出的女人”。

特征模因：特征就借助归类或标记区分世界的方法。

策略模因：策略模因是关于因果关系的思维。当被策略模因操纵时，潜意识里会觉得某种行为会带来某种结果。

联想模因：联想模因是模因之间的纽带。当被一个联想模因操纵时，会引发对其他事物的看法或感受。

（4）**模因起源**

对人类生存和繁衍而言，那些极为重要的初始模因是有着极为重要意义的思维，有极强的复制能力，它们是思维病毒的初始模因。这些初始模因是：

危机模因。通过警示危险的存在，迅速划过的恐惧感能够挽救很多生命。动物也有传递危机模因的能力，比如恐慌性的大逃亡。危机模因在传播中的特定细节使它富有传播性和复制性。

任务模因。共享任务，比如防御敌人、建造房屋和寻找食物，能够帮助人们在逆境或资源短缺时期活下去。那些具有接受和发送任务模因能力的人拥有更适宜生存的 DNA，因为他们会为了同一个目标而奋斗。

难题模因。难题使我们更强大、更适宜生存，如食物短缺和竞争伴侣。

危险模因。即使不是立即出现的危险也是有价值的。

机会模因。机会到了，我们应该马上行为。比如，雷军的“风口论”。

翻阅一下媒体，基本上是以上主题，这些模因是人类的初始模因，其他模因是初始模因的变种。

（5）**模因感染**

模因感染是思维病毒的渗透。**渗透过程是操纵他人思维的过程。**

流行是大众被操纵的结果。人的本能是抗拒被操纵的，但模因未经许可就闯入我们的思维，不知不觉影响我们的思维，这个过程如同病毒感染，是在不知不觉过程中完成的。

模因感染的方式有三种，分别是：驯化、认知失调和特洛伊木马。

驯化，就是通过不断重复获得模因最简单的方式。人是抗拒驯化的，所以驯化总是以奖赏和诱惑的方式隐藏、伪装起来。当然，最简单有效的方式就是不断重复。

认知失调是一种操纵行为的技术，通过创造精神压力并解决它来发挥作用。当新模因与原有模因相抵触时就会产生紧张情绪。大脑要化解这个矛盾，就必须产生新的模因。**消除紧张情绪的办法有两种：买入或逃避。**

特洛伊木马式的操纵就是把受众的注意力吸引到某个模因上，然后使之沉溺于一连串与之相关的其他模因中。比如，把缺乏吸引力的模因与有着较强吸引力的模因捆绑在一起。

（6）**思维病毒复制**

进化需要两件宝贝：复制，一定程度的忠诚；创新，一定程度的变革。

基因是自私的，因为它会自我复制。模因也是自私的。在人类文化中最普遍、最流行的部分正是最擅长复制的模因。

下列方法有助于思维病毒复制：

通过灌输传统的重要性——过去的方法应该延续，如回归传统；

通过宣称一系列模因是真理；

通过建立一系列机制奖励复制。

（7）思维病毒的进化

《自私的基因》讲到，基因是自私的，就是携带基因的繁衍的极大化。模因也是如此，同样是衍生的极大化。

在人的大脑中，这些模因是天然的：

一是提高生存概率，直至繁衍，甚至更长寿；

二是繁衍尽可能多的后代；

三是提高与优秀异性结合的概率。

人类大脑使这四种动物性本能更有优势：fighting（战斗）、fleeing（逃离）、feeding（觅食）、finding（交配）。

所以，涉及危险、食物和性方面的模因总是具有更快的传播速度，因为人类拥有这些事物的心灵按钮。与上述四种动物性本能相对应的模因是愤怒、恐惧、饥饿和性。这是模因进化的四个一级按钮，而二级按钮则不计基数，比如归属感、与众不同、关爱、认同感、服从权威等。

模因传播过程中会进化，下列模因更适宜生存：传统、福音主义、信仰、质疑、熟悉、理解。

④ 传播基站

在互联网传播中，有一类人起着重要作用。他们要么有影响力，要么是支持者。

这类人有各种表述方式。他们是：大 V、IP、大咖、KOL、超级用户、忠实粉等。

在手机信号传播中，有一个通信基站。通信基站完成了与用户的最终信号传递。

互联网传播中也有这样的组织，他们是传播的连接品、放大器，也是互联网商业传播的基站。

互联网是去中心化的，很难有一个媒体实现全覆盖，而传播基站就是互联网传播的基础设施。有些传播引爆有偶然性、传奇性，但基于传播基站的传播引爆则有必然性。

IP 在本书已有论述，本节只讨论大 V、KOL、粉丝。

大 V

大 V 是指在新浪、腾讯、网易等微博平台上获得个人认证，拥有众多粉丝的微博用户。由于经过认证的微博用户，在微博昵称后都会附有类似于大写的英语字母“V”的图标，因此，网民将这种经过个人认证并拥有众多粉丝的微博用户称为“大 V”。

大 V 在微博上十分活跃，是有着大群粉丝的“公众人物”。通常把

“粉丝”在50万以上的称为网络大V。“V”是指贵宾账户（VIP，全称为Very Important Person）。

大V的影响力在于他有粉丝，话题经大V发酵，可以进入头部话题，话题效应溢出大V本身。

KOL

KOL，意见领袖（Key Opinion Leader），指拥有更多、更准确的产品信息，且为相关群体所接受或信任，并对该群体的购买行为有较大影响力的人。KOL的典型特征是：

第一是持久介入特征。KOL对某类产品较之群体中的其他人有着更为长期和深入的介入，因此对产品更了解，有更广的信息来源、更多的知识和更丰富的经验。

第二是人际沟通特征。KOL较常人更合群和健谈，他们具有极强的社交能力和人际沟通技巧，且积极参加各类活动，善于交朋结友，喜欢高谈阔论，是群体的舆论中心和信息发布中心，对他人有强大的感染力。

第三是性格特征。KOL观念开放，接受新事物快，关心时尚、流行趋势的变化，愿意优先使用新产品，是营销学上新产品的早期使用者。

简言之，KOL有四个标志：爱分享，爱尝鲜，有影响力，专业。

如果说KOL只有一个标志，就是爱分享。不爱分享，就意味着影响力无法产生商业价值。所以，不是所有高势能人群都是KOL，有些人因为身份所限，在传播分享上很保守。

如果说KOL只有一个前提，就是有影响力。没有影响力，即使天天分享也没人关注。

一般来说，具备上述四个标志中的两个，即可视为 KOL，如果四个全部具备，就是超级 KOL。

美国作家马尔科姆·格拉德威尔的《引爆点》一书中提出“个别人物法则”，有三种人导致了流行的发生，一是“联系员”，就是那种“认识了很多人的人”；二是“内行”，就是那种“什么都懂的人”；三是“推销员”，就是那种“什么人都能够说服的人”。

这是把 KOL 的四个标志分拆了，在某个特征上很特别，对流行的传播也很重要。

粉丝

fan，原意是狂热者、爱好者，现在主要用来指某个人或者某种事物的崇拜者。

原来“粉丝”被称为追星族，如歌迷、影迷、球迷等。现在已经扩大解读了，比如公众号粉丝，其实只是关注者。

从营销学上理解，**粉丝就是支持者。没有支持的行动，只是旁观，不是粉丝。**

支持的方式可以多样，比如消费，比如传播。

有一类粉丝是超级忠实粉，是有影响力、有组织力的支持者。他们不是普通的支持者，还影响其他的支持者，甚至把粉丝组织起来。

鹿晗的 300 个超级忠实粉，支撑起 4000 万粉丝，就是超级忠实粉建立了自组织。

樊登读书会有 500 万付费会员，最初也是超级忠实粉建立了自组织，比如各地的分会。

传播基站：交叉覆盖

通信基站，即公用移动通信基站是无线电台站的一种形式，是指在有限的无线电覆盖区中，通过移动通信交换中心，与移动电话终端之间进行信息传递的无线电收发信电台。

基站是移动通信中组成蜂窝小区的基本单元，完成移动通信网和移动通信用户之间的通信和管理功能。

传统媒体传播是利用中心化媒体持续传播，互联网时代是去中心化时代，也是多中心化时代。互联网时代单一使用任何媒介进行传播，可能覆盖率和传播量都不够，所以，要建立传播基站，覆盖更多的受众；要利用各类传播基站，实现交叉覆盖。

大 V、IP、KOL、粉丝，都可以视为小众传播中心，他们的传播覆盖范围都很有限，所以，要建立传播矩阵，形成高覆盖率的传播基站。

当然，大 V、IP、KOL、粉丝又是不同类型的传播基站，在使用方法上也不相同。

当企业把大 V、IP、KOL、粉丝当传播基站时，就意味着一定要形成相对稳定的合作，以及相对平衡的布局。

价值交易的传播基站

大 V 一般具备媒体属性，他们的变现方式就是付费传播。而且，只要是大 V，传播价格基本上是公开的。

超级 IP 有两类：

一类也是公共 IP，他们有媒体属性。媒体属性的 IP，与大 V 无异，都是付费传播，而且价格是相对公开透明的；

另一类是自有 IP，如果不是付费的，一定是成了 CP，形成价值交换。

价值交易类的传播是需要的，特别是在引爆的关键时刻，因为大 V、IP 有流量，有传播覆盖范围，在他们的粉丝群体里有影响力。所以，**即使是付费传播，在传播引爆的时刻也要付费，即使是高价付费也有价值。**

支持类的传播基站

成都一位海产品的老板，是个很厉害的产品专家。2015 年，他上市一款产品，寄给 350 个朋友体验，结果当年实现销售 1.72 亿元。

我有幸成为当年的体验者之一。产品体验非常好，我马上购买，送给好友。好友体验后又购买送好友，很快就形成了庞大的粉丝圈层。

这位朋友的 350 个产品体验者，就是他找到的 KOL。

这些 KOL 是他的无私支持者，这是他多年线下的积累结果。

KOL、粉丝，一般而言，不仅是支持者，也是无私的支持者。

KOL 的无私支持，通常是基于长期的了解、互动，以及友情。当然，这也是有前提条件的，KOL 不会无私地支持所有人，只会无私地支持特定人。

粉丝的无私支持，就是因为喜爱，感觉值得付出，付出也有收获。

❺
粉丝的力量

粉丝不一定是消费者，但一定是支持者。

粉丝支持的主要方式是传播，影响他能够影响的人。

如果打个比喻，粉丝就像 wifi，只要与他连线，就能够在他的覆盖范围内获得他转播的信息。

粉丝是互联网传播组织中的稳定力量，有的传播平台要付费，有的传播者偶尔传播一次，但只有粉丝的传播是免费的、持续的，并且传播是连带信任背书的。

因此，可以说，**粉丝是传播中的付出者、贡献者。**

1000 个铁杆粉丝理论

凯文·凯利在《技术元素》中说："1000 个铁杆粉丝"的要点是：创作者，如艺术家、音乐家、摄影师、工匠、演员、动画师、设计师、视频制作者，或者作家——换言之，也就是任何创作艺术作品的人——只需拥有 1000 名铁杆粉丝便能糊口。

凯文·凯利说，"铁杆粉丝"是指，无论你创造出什么作品，他（她）都愿意付费购买。

他们愿意驱车千里来听你唱歌。

即便手上已经有了你的低清版作品，他们仍愿意去购买重新发行的超豪华高清版套装。

他们会在谷歌快讯里添加你的名字，时刻关注与你有关的信息。

他们会收藏售卖你绝版作品的 eBay 页面。

他们参加你的首场演出。他们购买你的作品，要你在上面签名。

他们购买与你相关的 T 恤、马克杯和帽子。

他们迫不及待要欣赏你的下一部作品。

他们就是铁杆粉丝。

要想提高销量，需要直接与铁杆粉丝建立联系。也就是说，你需要将 1000 名一般粉丝转变为 1000 名铁杆粉丝。

不过，凯文·凯利也说，根据媒介不同，实际数量也可能有所不同。画家也许只需 500 名铁杆粉丝，而视频制作者需要 5000 名铁杆粉丝。所需粉丝的数值也肯定会随国家、地区不同而异。但事实上，实际数字并不重要，因为只有达到这个数值，你才能知道到底需要多少铁杆粉丝。

当然，1000 个粉丝只是让你介于无名和成名之间，成为一个“微名人”。

卡尔·斯特德曼（Carl Steadman）提出的“微名人”的理论与 1000 个铁杆粉丝相似。如果某人对 1500 人来说都很有名，那么这个人就是一个微名人。也就是说，有 1500 人会为你疯狂。

鹿晗的 300 名超级忠实粉

鹿晗有 4000 万粉丝。2012—2016 年，鹿晗三次获得吉尼斯纪录证书。其中有两次是因为同一条微博评论数相继打破世界纪录（分别为 1 千万和 1 亿，如图 5 – 5 所示），皆由粉丝出于喜爱赠送祝福。

其实，鹿晗只有 300 人的超级忠实粉丝。

300 名超级粉丝为什么有这么大的能量呢？**一是粉丝建“站子”，二是传播体系化运营**。

图 5－5 鹿晗获吉尼斯纪录的微博截图

“站子”是追星族圈子的专有词汇，它就是一个发布偶像相关资讯的微博。

一般来说，站子发布的图片只要够美，就会引来关注者疯狂转发，以此表达自己对偶像的迷恋。

超级忠实粉为了运营好站子，他们不仅自费购买专业摄影设备，还跟着偶像全国各地跑前线，有钱有时间。

他们技能满点，会摄影、会修图、会设计、会写文案，并且吃透微博等各大平台的运营规则。

在网络上一度有段子曾写过，招人就招追星族，因为他们一个顶很多个。

200 粉丝基本盘

粉丝营销专家丁丁老师提出一个命题：200 人的粉丝基本盘撬动千万销量。

这应该是丁丁老师多次经历的总结。她的多次超千万的众筹已经证明了这一点。

在互联网传播中，我已经发现，在一个相对封闭的系统里，200 个粉丝发起的传播能够实现交叉覆盖，形成传播引爆。

互联网传播结果，要么是 0，要么是 1。差别在于是否实现了交叉覆盖。

交叉覆盖，就是一个受众获得多渠道的重复信息。这与传统传播理论无异，传播是需要密度和强度的。

说直白一点，200 个粉丝是在封闭系统引爆的基点。

粉丝的力量

每个人都是粉丝，只不过粉的对象不一样。比如我从来没有粉过明星，但我是管理大师德鲁克的粉丝，他的多数著作我都买了。

我第一次感受到粉丝集体的力量是 2016 年，我 2 天时间里参加了两家手机企业的新品发布，而且恰好在同一个场地。

其中一家比较传统，KOL 都是邀请入场，现场比较冷静。另一家是小米。

2016 年，小米已经不是巅峰，米黑压过米粉，但小米的粉丝还是花钱排队入场（不是买门票），花时间支持小米。小米发布会现场，粉丝很兴奋，也很活跃。

第二天的传播，我发现小米的传播效果要好一些。

当很多小米的用户因为小米处于低谷放弃小米时，小米是有忠实粉的。

粉丝要分级

粉丝的说法很多。凯文·凯利说的是“铁杆粉丝”，鹿晗的是“超级忠实粉丝”，丁丁老师提出的是“粉丝基本盘”。

这里，有必要界定一下粉丝。

第一类粉丝叫关注者，比如公众号的粉丝。现在，很多公众号的粉丝打开率已经低于1%，我认为公众号粉丝是“最水的粉丝”。

公众号也有忠实粉，比如置顶的公众号就是忠实粉。我的一些公众号粉丝经常说，每天打开公众号，必看我的文章。我觉得这就是真正的粉丝。

第二类是用户。用户可能是免费的，也可能是付费的。即使是免费用户，粉的程度也超过了关注者。

第三类是传播者。传播是重要的认同方式。

第四类是奉献者。真心认同，愿意奉献，包括购买（金钱）、时间（追随）、传播等方面的奉献。

第五类是有势能的奉献者。不仅愿意奉献，而且奉献者本人也有势能，本身也是粉丝。

凯文·凯利的“1000铁杆粉丝”应该说的是忠实粉，而鹿晗的300名“超级忠实粉”应该是第五类，丁丁老师的“200粉丝基本盘”应该是第四类。

粉丝圈层与指数级增长

上面的粉丝分级，实际上已经列出了粉丝圈层。从最外围的第一级，到最核心的第五级，形成一个圈层。

以鹿晗为例，核心层是 300 名超级忠实粉，最外围的是 4000 万普通粉丝。

因为粉丝是分级的，每一级粉丝都会带来更多的下一级粉丝，所以，粉丝的增长不是线性增长，而是指数增长。

特别是当粉丝增长达到某个临界点时，就会在大众领域引爆，从小众进入大众。这就是发端于小众，引爆了传播，收获于大众。

指数级增长受益于互联网技术。凯文·凯利说，网络连接技术和小规模制造技术，让这种圈子成为可能。博客和 RSS 让新闻、创作者活动预告或新作品逐渐传播开来。网站上展示着你的过往作品、你的履历档案和相关商品目录。Diskmakers、Blurb、快速成型机商店、MySpace、Facebook，以及整个数字世界一同袭来，使得人们能够快速、容易且低成本地进行小批量复制和传播。现在，你无需 100 万个粉丝才有理由创造新作品，1000 就已足够。

粉丝怎么来

粉丝是怎么形成的？

我认为有两个来源：

一是传统追随者的迁移；

二是产品和体验的力量。

吴晓波和秦朔在传统媒体时代就有追随者，只不过传统媒体时代，追随者不容易聚集成群，相对分散。

互联网时代，传统追随者迁移到了互联网，而且成群了。成群了就有力量。吴晓波的写作风格更适合互联网，当某篇文章触及社会共鸣，比如《去日本买只马桶盖》，就会引爆。

因为与时俱进，所以粉丝迁移。

尖叫的产品和良好的体验，是移动互联时代圈粉的基本方式。

特别强调一下，越是追求最大公约数，希望人人满意的产品，越不容易圈粉。我提出过一个粉丝发酵的观点：**发端于小众，引爆于传播，收获于大众。**

互联网传播的特点是：不粉丝，不传播；不偏执，不传播；不极端，不传播。

成为少数人的首选，哪怕招致另一极端的叫骂。营销人苗庆显就说，喝茅台的人说喝江小白的人是不懂酒的小屁孩，江小白的粉丝说喝茅台的人是“油腻男”。

成为少数人的首选，远胜于成为多数人的第二选择、第三选择。所以，要满足特殊人群的特殊偏好。比如，乐纯的口感就偏向特殊人群，但恰恰是这批特殊人群有传播能量。

尖叫的产品，还要有良好的体验。我吃过一种自认为“最好吃的红薯”，打电话告诉粉丝营销专家丁丁。丁丁在心里想，红薯能有多好吃？这是没有体验的感觉。

当她吃到“最好吃的红薯”后，立马感觉就不一样了，特别是当红薯吃完后，丁丁老师的老公还专门提醒好几次：“家里红薯吃完了。”我知道，她们全家都是红薯的粉丝了。

在山楂饮料消时乐的营销过程中，我提出一个“泛体验”的概念，就是好产品要敢于让更多的人体验，不仅让店主体验，还要让营业员体验，让店主的家人体验。最后发现，凡是条件好的店主，多半家里有一个消时乐的粉丝。

经营粉丝基本盘

凯文·凯利说，一般粉丝不会购买你的一切作品，可能也不会寻求和你直接接触，但他们会购买你创作的大部分作品。

在培养铁杆粉丝的过程中，你也能发展一般粉丝。拥有一批新的铁杆粉丝，也就意味着你又收获了更多的一般粉丝。如果继续下去，你可能真的能够拥有数百万粉丝，并且大获成功。在我看来，创作者都希望拥有百万粉丝。

接触粉丝，用心经营粉丝，才能拥有粉丝基本盘。

有粉丝基本盘的人，在互联网上一定是有势能的。

怎么形成势能？肯定得有与众不同，拿得出手的东西。

在山楂饮料消时乐铺货的过程中，没有大水漫灌式铺货，第一轮每个县定向铺货 100 家。这 100 家是有良好体验的店主。100 家店主，就能发起 200 人的传播。当 100 家动销后，就会有 300 家跟随，600 家跟随，然后全面引爆。

在任何一个社会，只有一定比例的人成为塔尖的人。但在一个快速变动的社会，从塔底到塔尖的转换可能非常快，这就需要抓住转换的机会。

每一轮互联网工具的创新，都给了社会重新洗牌的一次机会。

好产品，要有粉丝

互联网时代是产品丰裕时代，产品的功能性满足是基本条件。在此之外，还要符合两个条件：**一是产品要有粉丝；二是产品要有传播属性。**

产品有粉丝，不是满足大众需求，让所有人满意，而是满足部分人的偏执需求，让小众尖叫，让他们成为粉丝。所以，产品“有粉有黑”很正常，不因部分人的不喜欢而说明产品不好，部分人的尖叫才是关键。

产品有传播属性，才能让粉丝的力量得到发挥。前面讲过，粉丝的主要贡献是传播，而产品有传播性，粉丝的传播才有效果。

粉丝自组织

像鹿晗的粉丝建“站子”，像樊登的粉丝建读书会，像罗胖的粉丝建基层组织，早期可能是基于粉丝的奉献，但后期一定要给自组织赋能。

一般来说，粉丝自组织多数是不稳定的，因为多数粉丝没有组织能力，只是因为热爱、喜爱，所以有热情。但是，**自组织的影响力仅仅有热情是不够的，还要有组织能力。**

给粉丝自组织赋能，或者把基于热爱的自组织变成经营性组织，就非常重要。比如，“樊登读书会”发展这么快，就是因为把它变成了经营组织。

粉丝引爆

当粉丝达到临界点，就可能因为某个事件引爆。

引爆，就是长尾聚集，原来没在粉丝体系内的也成为粉丝。

引爆，还会带来粉丝的升级。原来的关注者，可能成为用户；原来的普通用户，可能成为传播者；原来的传播者，可能成为奉献者。

引爆带来的最大收获，就是媒体的介入，成为现象级的讨论，形成二次传播。

互联网时代，人人都是自媒体。自媒体需要消耗大量话题，引爆话题。

有的粉丝引爆有偶然性，可遇不可求。但商业传播要追求必然性、可复制性，粉丝引爆同样遵循引爆规律，即信息传播的强度和密度，要么达到足够的绝对传播量，要么形成足够大的密度。比如，全国性引爆，一定要有足够大的绝对传播量，区域引爆一定要有足够大的密度。

可控的、可复制的粉丝引爆，一定要在厂商的控制之下，当达到一定的粉丝量时，把粉丝组织起来，同频共振。同时，当传播量不足以引爆时，要通过付费传播的方式达到引爆点。

⑥ 互联网传播效果

以往“大喇叭”式的广告传播不灵了，商业传播渐渐让位于互联网传播。

检验传播效果，历来有两套标准：一是间接标准；二是直接标准。间接标准是传播本身的效果，比如收视率；直接标准是从受众角度检验，比如品牌知晓率。

互联网传播，目前仍然受大众传播的影响。比如，互联网浏览量就是传播广告收视率的互联网表达方式。但是，互联网传播毕竟不是大众传播，因为更加精准，所以，互联网传播效果的检验标准会更复杂一点。特别是当把传播“引爆”作为互联网传播的结果检验标准时，检验标准就更加明确了。

以我观察，互联网传播效果大致有四个检验标准。

标准一：PV 和 UV

第一个标准就是浏览量（PV）和独立访客（UV）。

PV（page view），即页面浏览量，或点击量；通常是衡量一个网络新闻频道或网站甚至一条网络新闻的主要指标。

UV（unique visitor），指访问某个站点的不同 IP 地址的人数。

以 2017 的传播“爆品”，人民日报新媒体中心“军装照”H5 为例。7 月 31 日 22 时上线，1 小时浏览次数突破 3000 万。8 月 1 日，当天浏览量（PV）3.94 亿，独立访客（UV）5700 万。上线 10 天，浏览量突破 10 亿。

现在，1000 万的浏览量可能是很多传播的底线，特别是外包服务。或者说，这是一个可以“交差”，让甲方无话可说的传播效果。

但是，很多人可能有个感觉，1000 万级的浏览量，怎么用户无感?

我们先排除浏览量灌水的因素，尽管这种现象很普遍。

我觉得还要加一个指标才合适：浏览时长。这是因为“标题党”盛行，很多页面打开的时间很短，不足以获取内容信息。

标准二：传播量 +

1000 万级的传播量，怎么才能有效果?

方法之一是：线下推广 + 线上传播，或者说，场景 + 传播。

当然，如果结合线下推广活动，1000 万级的传播量就很不错了。

比如，2017 年经典跨界传播案例，京万红“红动中国”“带上万红吃火锅”，话题相关阅读次数为 1148 万，总话题阅读量为 2000 万。公众号覆盖粉丝数为 2373 万，阅读量为 70 万。

从效果看，销量增长非常好。其中有两个原因：**一是有线下场景，场景有助于加深传播效果；二是精准传播。**

场景为传播增色，关键在于，场景不仅仅是时间 + 空间，场景还容易制造情感、情绪。

在互联网空间，情绪最有传播效果。

方法之二是：互动传播。

统一小茗同学与腾讯的 2017 年整合传播，覆盖用户 4.3 亿，植入广告曝光为 8.3 亿。有足够的绝对传播量，更重要的是有 1016 万个红包发放。

我们知道，红包仍然是目前最有效地吸引注意的低成本方式。红包发放通常意味着，互动开始了。

标准三：精准传播

1000 万级的传播量，如果是精准传播，那么效果仍然会不错。

我观察粉丝营销专家丁丁老师的传播案例，有时疑惑，她并没有制造出惊人的传播感，甚至一场活动结束了，有些人还无感。

丁丁老师是粉丝营销专家，她用大 V 的时候并不多，倒是粉丝在传播中起到了很大的传播作用。

粉丝传播，一定是精准的。

精准的，才是有效的。

1000 万级的传播量，如果是大水漫灌，就只有浏览量，没有有效性。

由于现在机构没有自己覆盖用户的新媒体，只有借助中心化的媒体。中心化的媒体，现在活跃度大大下降，精准度就更不用说了。

所以，像丁丁老师那样，筛选真正有传播势能的粉丝、KOL，不是迷信所谓的中心化媒体、大 V，**实现精准传播，提升传播有效性，是传播的专业方向。**

标准四：传播密度

我特别不同意以绝对传播量作为传播效果的依据，我更关注的是传播密度。

1000 万级的传播量，受众在全国，还是在一个省，效果是绝对不一样的。

放在全国，多数人无感；放在一个省，可能你不关注也得被迫关注，因为大家都在关注。

从传播原理上讲，传播引爆不是因为传播量，而是因为传播密度。

传播要达到效果，传播信息的交叉覆盖是很重要的中间过程。

什么是交叉覆盖？就是一个受众从不同的信息源接受同一条信息，当达到一定数量时，即使不愿关注的信息，也会关注。

在这方面，2017 年引领中国“山楂一片红”的消时乐是典范。消时乐因为启动时间短，销量体量并不大，但为什么能够超越体量大的竞品，成为行业标杆，就是因为消时乐的传播，讲的不是绝对传播量，而是传播密度。

有一家饮料企业的老板，到消时乐的目标市场调研，访问了多个消费者，发现他们都知道消时乐，而且是从网络渠道知道的。

在消时乐的 100 多个重点市场，都实现了高覆盖传播。传播只有两个结果，要么是 0，要么是 1。

低于某个传播密度，传播效果归 0；高于某个传播密度，传播效果是 1。

有没有中间结果？我认为基本没有中间结果。所以，传播是一场“赌博”，要么全得，要么全输。

两级传播：二次传播

2017 年的经典传播案例，多半有“二次传播”。

二次传播，意味着成了现象级传播。现象级传播，就是业界研究的标杆，就要解剖，成为互联网写手的素材。

互联网每天制造那么多信息，是一定需要素材的，而一旦成为现象级，就是他们的素材。

现象级传播，就把本来的传播效果放大了。

江小白，虽然一直做得不错，但成为现象级传播还是在 2017 年。江小白作为我的研究对象，我为它写了大量观察文章，客观上起到了传播效果。这是江小白积累的结果。

百雀羚的 H5 传播，本来效果一般，浏览量大，但销量并不大。百雀羚传播的反转是因为二次传播，有人写了篇反思文章。正是这篇反思文章，起到了比传播文案更大的传播效果。

百雀羚虽然只是引爆一次，但在渠道产生了巨大的反响。看来，二次传播成了互联网商业传播中的一环。

图 5－6　百雀羚 H5 广告图片

人民日报新媒体中心的“军装照” H5 当然也有二次传播，但由于它有太多特殊性，可能复制难度很大，所以，我一般不把难以复制的案例作为研究对象。

传播常态化

什么是好的互联网传播？

我认为不是可以称之为传奇的传播。

我有一个观点：凡是可以称为传奇的，就不要再学了。

传奇是媒体感兴趣的素材，但因为难以复制，所以很难成为商业追求的标杆。

我参加过中国人民大学商学院新营销“金角奖”的评选。虽然有很多惊艳的案例，但我一直在思考：谁能复制惊艳？谁能让惊艳常态化？

传播的常态化，是商业机构绕不过的一个坎。

互联网社会，流量为王。按施炜老师的说法，认知、交易、关系，三位一体。三位一体的核心是传播，传播产生流量，流量产生认知，认知形成交易和关系。

互联网社会的流量，可以分为平台流量和独立流量。可以说，BAT控制了中国的多数平台流量。

如果没有独立流量，就只有购买平台流量。购买平台流量，就要参与流量竞价。因为平台流量太集中，平台流量的价格会一直上涨，直至购买者不赚钱而不愿加价为止。

未来的互联网传播，不是一次性的多少点击量，以吸引关注为目标，而是常态化的传播，以维持正常的商业运营为目标。

从这个角度讲，我很佩服江小白。当大众关注江小白的文案传播时，江小白的传播布局已经多元，

曾经与某企业老总交流，我说：“只要建立了常态化的传播系统，未来无敌。”

建立常态化传播系统，有两个关键点：一是传播的组织系统；二是

放弃传播的传奇。

传奇可以有，但不要依赖，不要指望。杜蕾斯的互联网传播够传奇的，但据说与销量无关。

总结一下怎么检验传播效果。

第一种检验方法是浏览量。目前达到1000万级的浏览量并不难。浏览量已经很难代表传播效果了，但传播效果是一定需要浏览量的。

第二种方法是有质量的浏览量。比如有场景，有互动，与线下推广结合的浏览量。

第三种方法是传播密度，或者说，受众的人均浏览量。总浏览量虽然不高，但在局部区域封闭引爆，效果很好。

第四种方法是二次传播。一旦达到了自发的二次传播，意味着已经成为现象级的传播，作案例研究，传播效果就会大大提高。

当然，上面讲的都是一次性传播。如果建立了传播的组织系统，能够随时随地有组织地传播，让传播受控，比一次性的应急传播，更为重要。

第六章
4P 皆传播

❶
产品：产品就是 IP

江小白的创始人陶石泉说："产品出来了，IP 就出来了；剧本出来了，IP 就出来了。"

IP 从营销角度讲是自主传播势能。产品成为 IP，就意味着它能自主传播。

传统营销也有自主传播，比如口碑，但口碑是低效率的自主传播，靠口碑形成影响力，需要较长的时间周期。

但是，互联网改变了传播方式，互联网本身就是自主传播媒介，而且是高效的自主传播媒介。

在互联网上的口碑传播，可以形成 IP。产品成为 IP，就可以在互联网上自主传播。

产品成为 IP，就要赋予产品社交属性，因为社交是人类社会的天性。

用更形象的比喻就是，要让产品成为社交货币，成为社交谈资。货币是可以流通的，社交货币就是在互联网上可以传播的货币。

互联网社交

有人类社会就有社交，那是传统的社交，线下社交。

传统上，很多产品天然带社交属性，比如酒类。所以，我们定义：酒是人际交往的润滑剂。

互联网的时代，出现了新的社交方式：互联网社交。

微信不同于任何传统的交流工具，比如电报、电话、视频，它把线下的社交方式在互联网上结构化了，是典型的多边、可互动的交流方式。

可以说，它就是一个放大版的线下交流，甚至有更多的功能。

查一查电话号码本和微信朋友圈，就会发现微信朋友圈的朋友数是电话号码簿的 5 ~ 10 倍

于是，就出现了新的社交方式：互联网社交。比如，各种晒，就是典型的互联网社交。

社交货币

有人说，互联网时代，所有行业都是娱乐行业。因为娱乐有传播性。

营销专家苗庆显说：“所有行业都是时尚行业。因为时尚有社交属性。”

苗庆显说：“以前时尚是被所谓一些时尚产业定义的，比如高级服装、明星、影视、珠宝、时尚媒体等，它们输出时尚概念，占据时尚的话语权，而大众只有接受或者不接受的份。”

在去中心和分层的时代，大众也有了表达时尚的机会，而消费无疑成了最优先的表达方式。

消费从来都不是个人的事情，而是相对于别人的事情。任何一个玩意儿都可能变成身份的象征、品位的象征、个人的标签，能变成消费者表达社会地位的符号。

从这个角度，一切消费品都将具有时尚品的特征。比如福特时代之后，汽车成了时尚品，苹果把电脑和手机做成了时尚品，早年的哈根达

斯、星巴克都能代表一种时尚，连肯德基、麦当劳也一度是时尚快餐，现在吃个辣条也可以是一种时尚。

时尚是相对的，塑造的是心理优越感，制造心理落差，一定要有不一样的感觉，一定要有鄙视链。多元化的社会，一些东西在部分人眼里是时尚，在另外人眼里可能是很低级。

喝茅台的人可以鄙视喝江小白的人是不懂酒的小屁孩，而喝江小白的人也可以嘲笑喝茅台的人是“油腻男”；看电影的鄙视看电视的，看话剧的又鄙视看电影的；看文艺片的鄙视看好莱坞片的，看好莱坞片的鄙视看国产剧的。

IP 是社交货币的流转

让产品成为社交货币，就是让产品有自主传播性。产品能够自主传播，就能够用专业方式加大、加速传播。

江小白创始人陶石泉说：“当商业与传播发生矛盾时，宁愿放弃商业。”因为多数商业传播，商业的痕迹太浓。

让产品成为社交货币，就是商业与传播的完美结合。

有传播，一定有商业；有商业，不一定有传播。只有把商业包装成社交货币，商业与互联网传播才不矛盾。

产品的 IP 化，就是为其传播赋能，成为社交货币。

让产品成为社交货币

人与人之间的交往都需要谈资，谈资是避免尴尬和获取认同感的重要方式。社交货币说通俗一点，就是谈资，让产品成为社交货币就是赋予产品可以谈论的价值。

杜国楹在谈小罐茶的产品打造逻辑时，其中提到很重要的一点，**就是通过形象包装和品牌背后的故事，让产品本身成为可以谈论的话题，从而避免了商务社交中的尴尬。**

很多品牌也深谙此道，比如海尔通过洗衣机立币大赛（在高速运转的洗衣机上将硬币立起来），很好地吸引了大众的围观，让最新推出的产品成为人们热衷讨论和分享的话题。

泸州老窖推出了一款香水酒，酒瓶外观设计成香水的模样，更妙的是，这是一款真的香水，可以喷还可以喝，结果，这种看似不搭边的跨界充分调动起了大众的好奇心，话题讨论的热度在社交媒体上持续升温。

与之类似的还有可口可乐推出的化妆品套装，肯德基推出的炸鸡味唇膏，某电动车品牌为了宣传其产品的防盗性能举办的广场开锁大赛……这些都是为产品植入话题的方式。

巴奴火锅的小油条，因为“能吃出麦香味”，所以能成为谈资。

图 6－1　巴奴火锅的小油条

让产品本身成为话题，是赋予其社交属性的最重要，也是最直接的方式，但并不是所有话题都能激发人们分享和讨论的冲动。通常，我们会比较倾向于分享那些可以使我们的形象看起来“高富帅”或“白富美”的内容，因为分享的话题本身就代表并定义了我们自己。

所以，**产品要想成为一枚具有强大传播力的社交货币，就必须自带话题，而且这个话题还能为分享者的形象加分**，比如证明自己见多识广、幽默、有品位、有爱心等。

标签化，让产品具备象征性

社交活动的基础是角色化，即每个人都有一个可识别的、确定的身份，我们的言行都受角色的控制，同时，我们也会根据交往对象的身份来设定不同的交往模式。

我们的身份或者角色是由很多标签组成的，比如教师、医生、父亲、儿女这些属于一级标签，时尚、保守、勤奋、懒惰、好人、坏人、幽默、见多识广等属于二级标签。一级标签基本是中性的，并且不易改变，而二级标签则带有褒贬，并且处于变动之中。

所有人都希望得到一个好的标签，比如时尚，我们喜欢穿光鲜亮丽的衣服、购买最新款的包包、出国旅游、追星、尝试各种新鲜的东西，都是为了能够活成别人眼里的时髦。

而**消费则是获取二级标签的重要方式**。在物质丰裕的时代，消费已经不是个人的事，而成为相对于别人的事。我们消费一部分是为了满足生理需求，而更多是为了获得心理的满足，表达自己的个性、品味、身份，**用消费品来重新定义我们自身**。

因此，互联网时代，千万不要试图满足所有人的需求，满足所有人意味着没有差异化，没有差异化就失去了标签属性。要致力于成为少数人的首选，成为他们身份的象征，**当一件商品能给用户带来身份的认同感和自豪感时，那么，他们会非常乐意在外人面前炫耀自己是它的消费者**。比如果粉、米粉、罗粉。

让产品具备礼品属性

所有礼品都有社交属性，因此一旦一件商品具备了礼品属性，它的传播也会相对容易。这也是六个核桃、加多宝、王老吉这些品牌拼命往礼品上靠拢的原因。

为产品贴上礼品的标签有很多种方式，比如六个核桃、加多宝、王老吉，是通过广告场景的营造和引导来实现的。而**进入互联网时代，广告的效果大不如前，而且成本很高，此时更需要巧妙设计一种分享机制，让产品成为朋友之间相互馈赠的礼物。**

比如樊登读书会的会员、准会员（注册过的体验者）享有一种特权，可以将读书会的链接分享给好友，好友下载注册后可以得到7天的免费试听机会，自己也可以得到相应的积分奖励；在得到上也有类似的分享设置，会员可以从自己购买的课程中挑选几节赠送给好友，好友可以免费收听；微信读书也做过一次活动，不过刚好相反，不是馈赠而是向好友索取，自己挑选一些书发给好友，让好友来帮自己买单。

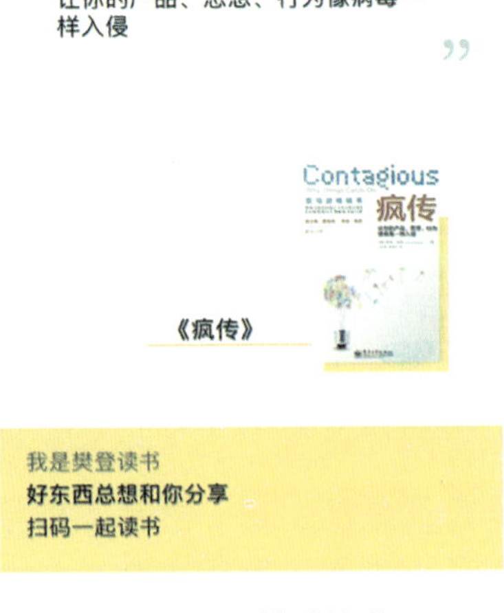

图6－2　樊登读书

分享的过程就是传播的过程，通过分享实现裂变，正在成为移动社交时代重要的获客手段。

场景化，让产品成为社交工具

《创新者的窘境》的作者克莱顿·克里斯坦森说过一句流传甚广的话：消费者并不是在购买产品，而是雇佣品牌来完成一项工作。比如雇佣品牌来打发无聊时间、增进与孩子们的感情、让自己的生活变得更美好等。**我们改善人际关系、满足社交需求，则是通过雇佣具有社交属性的品牌来完成的。**

有些产品天然具有社交属性，比如酒，它是人际交往的润滑剂，“感情浅舔一舔，感情深一口闷”，中国的社交文化全在酒里了。在中国，酒为什么具有如此高的社交地位？因为它切入了一个高频的社交场景——饭局，同样，其他产品要想获得同样的社交地位，也必须找到一个适合自己的社交场景。

从传播性上来讲，社交场景是最强的，这也是许多新品在做推广的时候看重餐饮渠道这一典型社交场景的原因。比如，王老吉的迅速崛起归功于对火锅聚餐场景的精准切入，金六福是从喜宴切入，而江小白找到的社交场景则是年轻人的小聚和公司团建。

场景可以强化消费者的认知。一件商品在社交场景中出现得多了，自然就被赋予了社交属性。

消费是相对于别人的事，而社交则可以让消费成为更多人参与的事。社交天然具有传播性，没有社交属性的产品，在互联网时代将很难引爆传播。

让产品具有仪式感

只要具有仪式感，消费者就有“晒”的欲望。

晒，就是分享、传播。

绣球菌营养价值很高，但产品形态与银耳相似，没有价值感，既卖不上价，销售状况也不佳。

巴奴火锅把绣球菌盛在一个玻璃瓶中，瓶盖是软木塞。这款产品马上有了价值感，也有了仪式感。

有价值感、有仪式感的产品，先分享，再消费，已经成为一个规律。

❷ 渠道：所有接触点都是传播点

所有接触点都是传播点。这句话直接借用整合营销专家唐·舒尔茨的观点。在整合营销传播中，传播（信息流）是营销最核心的工作，因为传播改变认知，认知决定了态度。

营销的本质是信息不对称。营销就是消除对己不利的信息不对称，创造有利的信息不对称，形成信息不对称的工具就是传播。

用同一个声音说话。这是整合营销传播的第二个关键点。每一天传播的信息不一定相同或重复，但一定是整体化的，有利于强化品牌信息或印象。

所有接触点都是传播点。这是整合营销传播的第三个关键点。工业文明时代，传播有两种方式：一是大众媒体传播；二是接触点传播。

唐·舒尔茨特别强调**互动传播**，这是整合营销传播的第四个关键点。大众传播是单向传播，只有接触点传播是互动传播。互动传播可以根据受众反应、态度进行再传播，有针对性地传递信息，传播效果更好。

与大众媒体传播偏好传播集中爆发不同，整合营销传播偏向传播的细水长流、润物无声、同频共振。

接触点即渠道

在整合营销传播理论中，接触点即渠道，渠道即接触点。

一个品牌商所有的接触点，对外包括：上游供应商、下游分销商、横向合作商、社区、政府、股东，即所有线下利益相关方；对内包括内部员工及家属。

互联网时代的外部接触点，还应该包括各类平台、APP、社群等，总之，企业内部各部门与外部发生联系的一切机构、平台和个人。

整合营销传播的核心，就是把企业的所有利益相关方整合起来，共同承担传播的任务。所以，接触点还包括内部员工及家属。

粉丝营销专家丁丁老师有一个著名观点：**内无粉丝，外无品牌**。内部员工及家属如果是品牌和产品的粉丝，那么传播能量将是巨大的，特别是中国的龙头企业员工数量都很庞大。在互联网时代，单单靠内部员工及家属发起的传播，就能产生巨大的影响力。

公关理论认为，外部六大利益相关方都是公关对象。在整合营销传播体系中，他们也是传播的接触点。按照定位论专家里斯提出的“公关第一，广告第二”的观点，以公关的方式展开对六大利益相关方的传播，是接触点传播的最好方式。里斯认为，公关打造的是品牌，而广告则起到提醒的作用。

与外部接触点接触的企业部门和个人，不一定是营销部门，除了部门和个人承担的“法定”功能性任务外，还有一个共同的任务：传播。所以，**整合营销传播，首先是内部整合，然后才是外部整合。**

接触点即渠道，并非指产品的分销渠道，而是传播渠道。

接触点即传播点

如果说消费者的口碑是自发传播的话，整合营销传播则是利益相关方组织起来展开传播活动。其中，对于传播相关度最高的利益相关方就是下游分销商，也是接触点最多的相关方。

快消品的分销渠道接触点，包括代理商（一级代理商、二级代理商）、零售商及他们的员工甚至家属。快消品的分销渠道中，家族经营的占多数。互联网时代的分销接触点还包括 B2B 订单平台、仓配平台。

以一个县级快消品分销渠道为例。一个 50 万人口规模的县，约有 1000 个零售终端，500 个餐饮终端，共有 1500 个终端接触点。以每个终端平均 3 人计算，共有 4500 个接触点。如果延伸至家属则是一个更庞大的群体。这么庞大的群体，如果同时发起传播，则会产生巨大的传播能量。

互联网赋能 IMC

整合营销传播是近乎完善的营销理论，但在实践中的影响力不大。主要原因，一是整合困难；二是传播效率低，短期不见效。传播效率低的原因，就是一对一传播，口碑传播。

互联网本来就是传递符号和信息的，而营销的本质是信息不对称，互联网是营销的天然武器。

移动互联时代，每个人都是一个小媒体。一对一的传播低效，但通过移动互联加持，所有的接触点，都可以是从线下进入线上的入口，一对一的传播变成了一对多的传播。

传播的线下接触点传播，不可能同时发起。但**基于移动互联的接触点传播，可以同时发起。**

同时发起的传播，可以形成同步共振的效应。同频共振达到临界点，就有可能传播引爆。

仍以 50 万人口的县级快消品分销渠道为例。所有渠道成员同时发起传播当然难以做到，但数百人同时发起的传播，在局部范围内引爆并非难事。

传统整合营销传播推广的困难，就是细水长流，见效慢。因为移动互联的加持，可以变为疾风骤雨式的传播引爆，见效快，效果显著，当然推广就会更快。

全渠道粉丝链

所有接触点都是传播点，只是说接触点有成为传播点的可能。

如何让接触点参与传播？

大致有几种方式：

一是基于客情。客情是过去关系的积累；

二是基于利益交换，比如付费传播；

三是基于粉丝的自愿支持行为。

当然，最好的方式是上述三种方式的整合，那么，**哪种方式是长期的，效果比较好的？我认为是粉丝的自愿支持行为。**

粉丝本来就是支持者的意思。粉丝，要么是品牌的粉丝，要么是产品的粉丝，也有少数是个人的粉丝（比如老板的粉丝）。

消时乐山楂爽作为一个新品牌，能够在局部市场快速崛起，就是他们创造了“全渠道粉丝链”传播模式。这里所指的全渠道，包括代理商和终端老板，也包括渠道员工，甚至包括家属成员。接触点，似乎说的是空间，其实指的是人员。

消时乐发现，凡是销售好的终端，积极参与传播的终端，家里都有一个消时乐产品的粉丝。粉丝也许是店老板，也许是家里的孩子，也许是家里的长辈。总之，至少有一名粉丝。当渠道粉丝分布较广时，就可以组织起来形成传播组织。

家庭成员有粉丝，即使品牌知名度低，销售也有信心，传播也有底气。正是在这种情况下，消时乐把“全渠道粉丝链”组织起来，形成区域传播体系，在短期内就迅速引爆市场，形成高知晓率。

接触点传播与营销组织变革

接触点就是传播点。接触点是线下渠道。传播在传统上是市场部的职能，而市场部的传播传统上以大众媒体为主。

接触点就是传播点，意味着销售部与市场部职能的融合。这涉及营销部门内部组织结构的变革。

如果把销售部比喻为“陆军”，市场部比喻为“空军”的话，接触点就是传播点意味着“陆军”要承担“空军”的职能。

传统企业市场部与销售部是分离的，因此，相互抱怨的现象经常发生。**当两者相互融合时当然有利于化解矛盾。但是，这也提出了两个要求：一是营销部门内部职能的再划分；二是对员工技能的重新要求。**

以消时乐为例。它没有传统的销售部，而是设立了销售与传播一体化的推广部，承担深度分销和传播两项职能；也没有设立市场部，因为基本没有大众传播了，但设立了一个以内容生产为主的传播部，为推广部的传播源源不断地提供“子弹”（传播内容）。

③ 推广：所有推广活动都有传播价值

推广是通过 B 端接触 C 端的过程，是从终端向消费者的延伸。

深度分销时代，推广有三大主要目的：

一是以促销为基本形态的推广，目的是扩大销量，多数推广属于此类；

二是消费者教育，比如新品推广；

三是以激活终端为目标的推广。

统一在推广老坛酸菜面的过程中，建立了“以推广为导向的销售体系”，对老坛酸菜面的成功功不可没。一般的推广，“打一枪换个地方”，目标与销量直接相关。统一老坛酸菜面的推广，通过“连续三次精确打击”，通过推广激活终端、建立终端信心。终端一旦激活，以后即使不再做推广，也能持续贡献销量。所以，**以激活终端为目标的推广是高水平的推广。**

移动互联的普及，让推广进入了一个新阶段，所有推广活动都可以有传播价值。推广的目标不再局限于终端的点，而是通过一个点的推广，传播辐射一个面。

如果说传统推广是“一对一”的话，有传播价值的推广就是“一对多”，影响范围更广，效率更高。比如，汾酒集团自 2016 年始，每年重阳节举办汾酒“封藏大典”，这场活动通过到场的经销商传播至终端和消费者，通过现场直播传播至 C 端，影响众多人群，一场“封藏大典”，销售额达数千万元，而且吸引众多粉丝参与，成为“封藏大典”藏品的收藏者。

从“一对一”的推广变成“一对多”的推广，这是社群的放大效应。推广对象有社群，推广活动有传播性的话，就可以通过社群放大。

怎么让推广活动有传播性？就是要让参与者成为传播者，比如，各种晒照片。在朋友圈，点赞最多的就是晒照片。

一场推广活动，参与者怎么才愿意成为传播者呢？大致有三个要素：参与感、仪式感、娱乐性（好玩）。

参与感

对于参与感，小米手机的联合创始人黎万强在《参与感》中有精彩叙述：

“构建参与感，就是把做产品做服务做品牌做销售的过程开放，让用户参与进来，建立一个可触碰、可拥有，和用户共同成长的品牌!”

形成参与感有三个战术：开放参与节点，设计互动方式，扩散口碑事件。

“开放参与节点”，把做产品做服务做品牌做销售的过程开放，筛选出让企业和用户双方获益的节点，双方获益的参与互动才可持续。开放的节点应该是基于功能需求，越是刚需，参与的人越多。

“设计互动方式”，根据开放的节点进行相应设计，互动建议遵循“简单、获益、有趣和真实”的设计思路，互动方式要像做产品一样持续改进。

“扩散口碑事件”，先筛选出第一批对产品最大的认同者，小范围发酵参与感，把基于互动产生的内容做成话题、做成可传播的事件，让口碑产生裂变。

参与感的结果是获得感，获得感的欲望是炫耀。微信朋友圈的本质是炫耀，表达与自己相关的事情。

参与、品鉴、体验，在参与中嗨起来，调动参与者的情绪。这个时候，就有强烈的传播欲望。特别是参与中获得的情绪，有更强的传播性。

仪式感

仪式感是人们表达内心情感最直接的方式。仪式感就是使某一天与其他日子不同，使某一时刻与其他时刻不同。

仪式感是对生活的重视，把一件单调普通的事变得不一样。中国人向来是注重“仪式感”的。常见的具有仪式感的实践有婚礼、节庆等。

仪式感是留给人们的记忆，所以，自有照相技术以来，但凡有仪式感，一定会记录下这个时刻。而社交媒体的普及，不仅会记录下仪式，还会传播仪式，在朋友圈分享仪式。

江小白早期的推广，“约酒”是重要的推广活动。“约酒”有个重要仪式，即参与者拿着拍摄电影电视的道具照相。正是这个仪式感，让“约酒”有了传播价值。

崇尚产品主义的巴奴火锅，不仅追求产品高品质，而且在产品呈现上有仪式感。

娱乐性（好玩）

娱乐是人追求快乐、缓解生存压力的一种天性，是通过喜怒哀乐使自己或自己和他人喜悦、放松，并带有一定启发性的活动，它包含了悲喜剧、各种比赛和游戏、音乐、舞蹈表演和欣赏等。

推广活动的娱乐性，是通过娱乐淡化商业，在娱乐过程中接受信息，达成推广的目的。

案例：江小白，让推广活动更有传播性

营销界熟知江小白的文案，但对江小白的地推则了解不够，而对于地推带来的传播效应则了解更少。

江小白的地推，早期是“同城约酒”，后期是混饮。

2011 年，江小白公司成立。2012 年 3 月，江小白推出一款清淡型高粱酒江小白。

2012 年 12 月 21 日，一个被称为“世界末日”的日子。在这一天，江小白酒业邀请了上百名粉丝一起约酒，用举杯的形式说出“醉后真言”。

约酒大会的参与者一般都是不过度消费但喜欢精致时尚的 80 后、90 后群体，以及内心依然青春或渴望青春的 70 后、60 后群体。无关年龄、职业、信仰及地位的不同，只要内心渴望朋友、渴望交流，都是约酒大会欢迎的对象。

2013 年 12 月，江小白约酒大会以“遇见江小白”的主题发起普通粉丝、路人担任江小白约酒大会形象代言人活动，并通过移动平台与朋友分享。本次约酒大会以“约酒”之名，将网络红人、知名乐团及 1000 余名江小白的粉丝们齐聚在一起，把网络狂欢的热潮延续到线下，创造了白酒情感体验上的另类奇观。

2013 年的约酒，江小白约酒大会主要通过微博、微信和社区发起活动。两个月的时间里，共有 9000 余人通过网络提交报名资料。这其中，江小白在大渝网社区发起的活动征集帖，不到 5 天的时间点击量就超过 16 万次，报名人数超过 300 人。粗略统计，当天活动围绕约酒发出的微博多达上千条，转发 7000 多次，总评论近 10 万条。

2014 江小白约酒大会同样是在重庆洋人街金色大厅举办，诉求是“拒绝都市孤独症”。由于前两届的成功举行，本届约酒大会报名阶段即有超过30000人报名。此次活动中，校花、机车、乐队、调酒、嘉年华、炫酷的舞台效果，无一不是约酒大会的亮点。互联网的发展，让孤单不断在都市人群中蔓延，而这次约酒大会旨在为孤单人群策划一次逃离孤单的机会，千人一起在热闹中狂欢，在约酒中逃脱孤单。

无论是主题设定，传播发起，现场参与互动，还是分会场联动，活动传播，都是一场基于互联网的传播。

“用酒换故事”是江小白小酒馆全国巡演的主题。

在小酒馆活动中，江小白推出了自己的混饮系列——“江小白MIX”系列。其中三款“官配混饮”——“ONE PAIR”（天生一对）、“N. D. A”（NEVER DRINK ALONE）、“X－DRIVER”（老司机），如图6－3，为大家带来了独特又惊艳的喝法。

图6－3　江小白“MIX”系列三款官配混饮

在活动环节，年轻人还可以进行混饮DIY。观众可以用江小白做基酒，根据自己的个性偏好加入代表“勇气（冰红茶）”“矛盾（西瓜汽水

+柠檬汁)”“偏执（咖啡)”“真实（水蜜桃软饮)”和“自由（蓝莓果酱)”的元素，搭配多种混饮材料，混出自己喜欢的味道，如图6-4。

图6-4　混饮 DIY

混饮、认领情绪、用酒换故事、DIY，江小白推广中的这些要素，不仅仅为现场推广服务，也为传播服务。毕竟，现场体验的人不多，但传播是可以到达更多人的。

案例：消时乐，让地推变成传播的起点

2018年，消时乐在原来礼品渠道单轮驱动的基础上，同时启动餐饮渠道，双轮驱动。

餐饮渠道很难做，因为饮料的客单价小，地推不划算。但消时乐感到，消费者在餐饮场景消费时间长，有互动机会，是地推变传播的好场景。所以，餐饮场景的地推，从做销量、教育消费者变为“餐饮是发起传播的起点”。

按照小米参与感的三个战术原理，开放参与节点，设计互动方式，扩散口碑事件，采用以下方式传播：

第一，通过泛品鉴，让消费者认同产品品质。

第二，通过娱乐道具设计，让孩子、女性主动参与娱乐活动。

第三，通过仪式感留下传播图片。

图 6－5　拍照传播

第七章
新渠道

❶ 传统渠道的数字化

渠道的演进

中国渠道大致经历了四个阶段：大批发阶段、市场重心下沉、深度分销，现在正在进入渠道数字化阶段。

1997 年之前，主流渠道是省级批发市场。1997 年之前，市场环境整体是供不应求，渠道就是中心城市和货物集散地的批发市场。当时，以省级代理为主，“省代”通过省级批发市场销售，为一级商。相应的，地市为二级商，县为三级商。

1997 年，亚洲金融危机爆发。中国市场无预警地从短缺到过剩。于是，1998 年，大批企业开启了“市场重心下沉”。简单说，就是用“市代”替代“省代”。2000 年左右，“县代”再次替代“市代”。从此，确定了快消品行业**“以县级代理”为基本经营单元的格局。**

上述阶段是渠道的第二阶段。

2003 年，市场重心下沉的红利枯竭，中国渠道开启了“深度分销”的红利时代。深度分销，就是品牌商的销售工作延伸到终端，铺货、理货、促销、推广等工作，由厂商共同延伸至终端。甚至在一些竞争激烈的行业，如乳制品、啤酒、饮料，省会以上中心城市由品牌商直接掌控终端，实行“小区域代理”，比如，把省会划分为十多个区域，由代理商负责维护。

2003 年至 2013 年，深度分销支撑了中国企业 10 年的渠道驱动。从 2014 年开始，多数快消品行业销量封顶，人力成本上升，深度分销难以为继。**2014 年以后是渠道的空窗期。**

渠道的数字化

市场重心下沉、小区域代理、深度分销等一系列渠道行为，带来的是中国渠道的小型化。**渠道的小型化，有利于强势品牌商控制渠道，形成渠道是“品牌商管理的延伸”的格局。**

截至目前，**终端的碎片化，渠道的小型化，这是渠道的两个基本现状**。在销量有增长空间，渠道有延伸空间的时候，碎片化和小型化的渠道格局，虽然成本较高，效率较低，但销量增长掩盖了渠道问题。

2014 年之后，行业销量封顶，渠道小型化带来的成本和效率问题就日益突出。这个时候，B2B 出现了。

B2B 就是渠道的数字化。这是渠道演进的第四个阶段。

B2B 的类型

传统渠道链是：工厂（Factory，用 F 表示）→代理商（Business，用 B 表示）→二批（business，用 b 表示）→零售商（Retail，用 R 表示）→消费者（Customer，用 C 表示）。

F、B、b、R 四者之间的关系，都可以表示为 B2B。但是，渠道 B2B 隐含的基本假设是：目标对象以 R 为终点，所以，**B2B 实际上是 B2R，包括 F2R、b2R、B2R 三种类型。**

第一类：F2R。一部分从 B2C 获得灵感的创业者认为：终端（R）

难以替代，但代理商是可以替代的，所以，一部分 B2B 的动机是颠覆传统渠道，认为传统渠道过长、效率太低，B2B 平台可以绕过渠道商，直接把产品从品牌商传送到零售商手中。这类 B2B，实际上是 F2R，如阿里零售通、京东新通路初期均如此。

第二类：b2R。在 B2B 平台的落地过程中，发现品牌商不配合，F2R 难以实现，于是 B2B 平台采取倒逼手段：一是从二批拿货（品牌商通常视为窜货）；二是“翻牌店”（终端加盟）。这类 B2B，实际上是 b2R，多数影响力不大的 B2B 平台最后就是如此。

第三类：B2R。通常是撮合平台。当 B2B 平台获得了经销商信任，就可以把传统经销商的线下流量搬到线上，或者通过订单平台获取 C 类店、D 类店的订单，因为 C 类店和 D 类店通常不在代理商的供应清单之内，传统是二批供货，或者到批发市场进货。这类 B2B，实际上是 B2R。

截至 2018 年上半年，上述三种类型的 B2B 均存在。

自营与撮合

自营 B2B，就是 B2B 平台先买货，再卖货。B2B 平台就是个电子化的贸易商。

撮合 B2B，就是 B2B 平台只提供服务，不直接参与交易，交易由供应商和终端双方完成。

2015—2017 年，B2B 平台以自营为主，主流的观点甚至认为撮合是个伪命题。B2B 推广的初期，因为品牌商和代理商不信任、不配合，平台从品牌商和代理商处拿不到货，但自营平台却能靠补贴以窜货的方式拿到货，于是，自营成为推广 B2B 前行的主要方式。

但是，自营面对三方面的压力：

一是拿不到一手货，没有成本优势；

二是获取客户要付出成本；

三是获取订单要补贴。

上述三方面的付出，费用巨大，形成烧钱“黑洞”，所以，除了高毛利行业（如白酒），自营是以巨额补贴形成的 GMV。早期，平台为了拿到资本，必须做大 GMV，自营是形成 GMV 最快的手段。

2018 年，B2B 行业开始意识到撮合平台的价值。我曾经总结撮合平台的**“四不”特征：不补贴、不乱价、不烧钱、不打劫。**

撮合 B2B 的好处就是不扰乱正常的渠道秩序，但却能够数字化赋能，把线下流量搬到线上。撮合的主要形态就是 B2R，代理商参与到平台上。

从平台的角度讲，撮合不用补贴，也减少了烧钱的压力。所以，从 2017 年下半年开始，大量自营平台变成了混合模式，即自营 + 撮合。

B2B 平台的价值

B2B 平台的价值主要表现在两方面：一是由于订单集成带来的规模和效率；二是由于数字化所衍生的增值服务。

B2B 订单平台有集成订单的功能，订单集成会提高客单价，甚至形成“一站式订单”。这是集成订单的规模效应。

B2B 仓配一体化有二次集成功能。一次集成是订单集成所带来的规模效应，同时，第三方仓配还可以二次集成，即一个仓配平台可以同时为众多 B2B 订单平台配送。二次订单集成，既有规模效应，也会因规模效应，提升货品交付的效率。

相比于传统渠道的碎片化、小型化，渠道配送成本高的问题，B2B 平台的集成功能能够解决上述问题。

B2B 订单平台是数字化订单，数字化订单必然带来大数据。

基于大数据形成的衍生服务，目前可以预见的包括两方面：

一是渠道营销的精准化，比如精准分销，提升分销效率；

二是基于数据信用的供应链金融。

传统分销渠道的资产主要表现为流动资金，而流动资金在传统金融服务角度很难形成信用。当订单数字化以后，就可以形成数据信用，从而有金融价值。

B2B 视角下的渠道结构

传统渠道，代理商承载着全部渠道功能，这是不符合专业分工原理的，也是不经济的，但只要有增长空间，费用也是可以承担的。在销量封顶、成本上升的环境下，低效率的渠道就无法承载高昂的渠道费用了。

B2B 环境下的渠道功能，可以简化为四个平台：订单平台、仓配平台、推广平台、供应链金融平台。

B2B 主要是指订单平台。订单平台是社会化的，有集成优势。所以，未来代理商获取订单的主要方式将要依靠 B2B 平台。

仓配平台。传统代理商的主要精力其实在配送，与配送相关的司机、仓管等人员占比很高，而且效率很低。未来，仓配完全交给第三方服务商，代理商无仓库、无车辆将是趋势。

推广平台。当订单平台、仓配平台交由第三方时，代理商干什么？代理商不可替代的职能是推广职能。虽然 B2B 平台也可以进行电子化的推广，但对于新品推广、客情关系、人员拜访、深度沟通仍然必不可少。这也是品牌商不愿意放弃代理商，完全与 B2B 平台合作的原因。

供应链金融平台。在品牌商眼里，代理商一个重要的作用是融资。

但是，代理商本身却很难融资。当渠道交易数字化后，第三方供应链金融必然承担起金融平台的角色。

上述渠道四大平台中，大量功能会被第三方取代，代理商的角色将会聚集于最核心的角色：推广功能。

从上述分析中我们发现，在渠道 B2B 化过程中，有些渠道链会缩短，比如餐饮供应链，有些渠道链已经比较短了，比如快消品，但渠道角色必然迎来重新分工。

代理商不会被“干掉”，但代理商的角色会发生变化。

❷
互联网新渠道

传统渠道相对简单，大致可分为两类：一是 F2KA（品牌商对 KA 直接供货）；二是 F2B2R，品牌商通过代理商对终端供货。

上述渠道统称 B 端渠道。除了直销外，传统渠道基本都是 B 端渠道。

互联网新渠道，大致有两个方向：

一是传统 B 端渠道的数字化，即 B2B；

二是 C 端渠道。

如果说 B 端渠道是通过零售终端到达消费者的话，C 端平台就是绕过零售端，直达消费者。**通过信息渠道直达消费者，然后通过新兴物流渠道完成交付，这是新兴渠道的主要特点。**所以，本书所指的互联网新渠道，主要指 C 端渠道。

现在是互联网商业创新的高峰期，互联网新渠道很多，分类方式也很多。本书主要从流量来源划分。

C 端渠道大致分为四类：

一是社交电商；

二是 IP 电商；

三是 C 端平台电商；

四是新零售电商。

平台电商的格局大致已经定型，IP 电商、社交电商和新零售正处于快速创新之中。IP 电商和社交电商的规模虽然不大，但如同毛细血管，正在分流主动脉的流量。

社交电商

社交电商，就是从社交平台获取流量的电商。在中国，主要的社交平台就是微信，其他还包括 QQ、抖音等。

比较成型的社交电商有三类：

一是小程序电商；

二是微商城类电商；

三是社群电商。

上述分类，没有采用微商的说法。因为微商的范畴较广，争议较多。

小程序电商。小程序是基于社交平台微信的应用，一种不需要下载安装即可使用的应用。它实现了应用“触手可及”的梦想，用户扫一扫或者搜一下即可打开应用。也体现了“用完即走”的理念，用户不用关心是否安装太多应用的问题。

小程序提供了显示在聊天顶部的功能，这意味着用户在使用小程序的过程中可以快速返回至聊天界面，而在聊天界面也可快速进入小程序，实现小程序与聊天之间的便捷切换。

小程序的用户快速增长，2018 年4 月已达到8 亿用户。因为小程序比 APP 下载、推荐方便，占手机内存少。

小程序电商是 2017 年崛起的，与 APP 相比，下载方便、推荐简单，有信任背书。目前，它是依靠微信平台最方便推荐的电商软件，其流量来源是典型的社交平台。

微商城类电商。典型的如“有赞”。以微信为操作平台，借助朋友圈推送，交易为微店、微商城等。

社群电商。通过社交工具获取客户、推荐信息。典型的社群电商是没有平台的。但社群电商与其他电商结合，如微店，比较普遍。

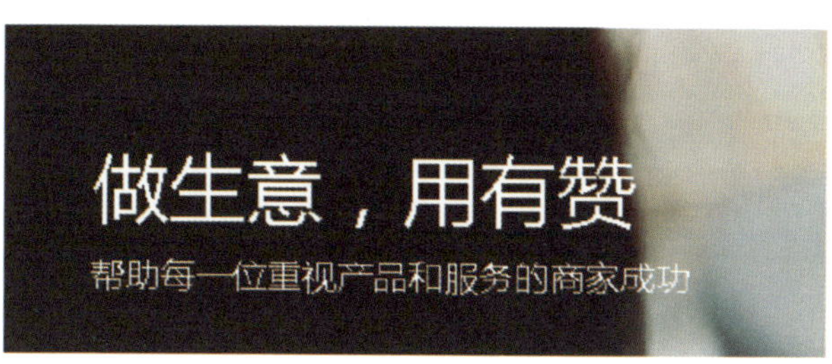

图 7－1　有赞

社群在商业中的应用有两种方式：

一种是社交流量用于传播，传播衍生商业交易，新营销概念中的社群价值主要指此类应用；

二是社群直接产生商业交易。

社群直接产生交易，一般来说规模不大，但蚂蚁雄兵，在很多行业影响力不小。社群电商如果形成高效组织，规模可以做得很大。

IP 电商

吴声在《超级 IP》中写道："超级 IP 具有独特的内容能力、自带话题的势能价值、持续的人格化演绎、新技术的整合善用和更有效率的流量变现能力等特征。"

IP 的流量变现，形成的就是 IP 电商。IP 自带流量，流量变现有两种方法：一种是公共 IP，为其他商业引流，如吴晓波频道；另一种是自身导流，直接变现，即 IP 电商。

前端流量，后台商业。这是 IP 电商的早期模式，现在已经进化到"IP + 社群 + 电商"的模式，因为 IP 本身的变现能力变弱，需要通过社群筛选、转化。

IP 电商更多时候表现为内容电商。IP 流量是内容带来的，流量变现靠的是内容。

平台电商

平台电商是大众熟悉程度最高的，因此只做简略介绍。

这里所指平台电商，主要指 B2C 和 C2C 等 C 端电商。中国电商突破，正是有赖于淘宝、天猫、京东等 C 端电商的突破。

与美国以垂直电商为主不同，**中国主要是平台电商，撮合为主要方式。**京东最初以自营为主，但很快就转向以撮合为主。平台电商的贡献，还在于为电商搭建起 C 端配送平台，如顺风物流。

平台电商的格局是 721，即头部占 70%份额，追随者占 20%份额，其他占据 10%份额。除了的阿里、京东外，还有新兴的拼多多，以及众多小众平台（垂直平台），如唯品会。

C 端平台电商特别适合高附加值、高单价、低频率商品，非即时消费品，是长尾聚散地。但 C 端平台电商有其极限，目前已经在接近极限。同时，平台电商的流量竞争，导致流量费快速上升。平台电商正在从“三低”（低地位、低成本、低价格）走向“三高”（高地位、高成本、高价格），从而陷入哈佛教授 M・麦克尔教授提出的“零售商业轮转假说”，从零售业的革命者变为零售革命的对象。

新零售渠道

目前，新零售渠道有两大战场：一是传统场景 + 互联网工具；二是新场景 + 互联网工具。

传统零售场景的存量很大，用互联网工具接入 C 端，引入流量，激活存量。**鉴于传统零售存量巨大，这应该是未来新零售的主战场。**但是，新场景、新零售无疑在传播上更有价值，比如无人零售，虽然体量与传统场景相比不是一个数量级，但更吸引眼球。

零售商业的“传统场景+互联网”无外乎两个方向：

一是外部连接，直接C端引流；

二是内部赋能，这是互联网大数据的价值。

传统零售的互联网化，步步高的实践是一个缩影。

2018年，步步高开始了一场赋能平台的“赛马”，先后拿出三批门店来分别上线多点Dmall、腾讯小程序及京东到家进行独立测试，从而甄选出更加适合自己的赋能平台。这三套系统基本代表了传统零售+互联网的方向。

步步高最早接入其门店体系的多点Dmall，是针对实体店的“痛点”研发出电商系统、支付系统、会员系统（美杜莎系统）、促销引导系统（潘多拉系统）、门店拣货及配送系统（盘古系统）等解决方案，根据实体店合作深度的不同而输出不同系统。多点Dmall更像一个技术供应商。

步步高与腾讯达成战略合作后，计划通过四大步骤盘活线下流量、推动门店升级，其中腾讯小程序是其重要依托。

按照步步高的规划，**在第一阶段**，步步高通过小程序扫码购、到家服务等形式，将线上业务销售，即增量部分占比做到整个零售总额的10%；**第二阶段**，希望借助腾讯的数字化能力，使步步高会员规模突破500万，从而衍生出更多增值空间；**第三阶段**，实现数字化供应链改造；最后一个阶段则是步步高将长期围绕数字化运营做出升级改造。

京东到家的落地性与系统性是其核心卖点。一方面，这与京东到家在“京腾系”中的定位有关。它是京东“无界零售”第一个具象的落地化解决方案。包括沃尔玛、华润万家、永辉、卜蜂莲花、全家、7-11、罗森等零售企业，均与京东到家达成合作。

对于京东到家来说，是在实体零售商领域累积的规模优势，其中既有大卖场业态，也有接近消费者的便利店、社区店业态，使其在为实体店赋能时，既可拓宽业务边界，也可使多家零售企业在特定领域发挥战略协同作用。

京东到家从一个功能相对单一的到家平台，已经逐步升级为能够为实体店提供综合类解决方案的赋能平台。京东到家已经推出流量赋能、履约赋能、商品赋能、门店赋能、用户赋能五大模块，其中商品、门店、用户三个板块或成新增亮点。

图 7-2　京东到家 App 截图

例如在提升履约效率方面，京东到家在合作商户门店内将原先只有 20~50 ㎡的拣货区升级到了带有冷藏设备的 100 ㎡的拣货仓，使得放置商品品类从早期的几百种高频标品扩展到包含生鲜在内的上千种品类，基本达到线上销售品类的100%全覆盖。随后，借助达达450多万注册配送员，京东到家将平均履约时效缩短至45分钟以内。

而在商品赋能上，京东到家可通过全域数据信息和由此形成的大数据分析产品，协助步步高门店优化品类结构和选品逻辑，同时指导门店备货与营销，使门店即便迎来线上订单高峰，也可保证货品充足供应。

如果说“传统场景＋互联网”是存量的改造的话，那么，“新场景＋互联网”则是全新的零售业态。甚至有些人所说的新零售，就是特指“新场景＋互联网”的新业态零售。

新业态零售一般包括三大要素：一是新场景；二是互联网技术；三是新体验。

新场景，比如无人零售、办公室零售，甚至出租车零售。只要有人流，就可以成为新零售的新场景。

互联网技术在新零售的应用：**一方面表现为连接工具**，直接与消费者形成连接；**二是结算工具**，比如无人零售；**三是体验工作**。

新体验，任何体验都有边际效用、递减效应。当平台电商崛起时，消费者感觉网上体验比线下好，现在网上体验的效用在下降，甚至认为线下体验更丰富。互联网技术层出不穷，会给消费者提供更多基于技术进步的新体验。

除了上述三大要素外，因为新零售恰逢中产崛起，消费升级。所以，产品升级换档、结构调整也同时出现，比如便利店。

便利店是中产标配。日本便利店除提供日用品外，还提供缴费等一站式服务。

中国便利店的崛起，要考虑三个因素：

一是中产崛起、品质升级；

二是城市生活形态的变化，比如为单身族提供早晚餐；

三是互联网技术应用。

第八章
新组织

❶ 新营销组织

案例：消时乐的营销组织

消时乐是比较全面践行新营销的企业，它的营销机构设置与众不同，没有传统的市场部、销售部、研发部，而是成立了很多新机构，分别是：模式组、教导团、传播部（外包）、推广部、大数据部。

营销部门当然还有很多其他部门，如电商部门，但这里主要讲核心部门。

组织变化承载的是职能变化，否则就是换汤不换药。

“模式组”职能是：新模式的试错，验证（试对），以及探索费用率上限。

新营销在不断迭代，有新想法，就让模式组去试，这个过程叫试错。

试错有效，但还要验证是否能大面积推广，这个过程叫“试对”。

任何方法，必然发生相关费用。费用率是多少，能否承受，也要在模式组试验。

消时乐对模式组的要求是：**不计代价，只计成功**。因为失败是最大的代价。

不计代价，也不是乱花钱，而是找到费用率上限，就知道投入产出比了。

“教导团”职能是：培养新营销的操作人员。无论是没有营销经历的新人，还是有经验的传统营销人，要想掌握新营销，不是几场培训学习就能掌握的，而是要在教练指导下，以团队作业的方式在市场实战，才能系统掌握。

“传播部”职能是：持续提供传播内容，根据技术进步不断转换传播阵地。

“推广部”职能是：承载传统销售部门（陆军）和市场部（空军）的推广、传播的职能。推广是职能，销量是结果。

“大数据部”职能是：在渠道数字化过程中，从合作平台获取数据，根据数据精准营销，提升营销效率。

新营销组织

传统与营销相关的部门，大致有三类：

一是研发部。多数企业中研发部相对独立，但营销4P包含产品，如果最高领导亲自抓营销，研发部门与营销部门的关系相对融洽。否则，两个部门的恩怨较多。只有极少数企业，研发部门归营销部门管理。

二是市场部。对外承载传播、公关、品牌建设任务；对内承载调研、推广创意等职能。对少数企业，市场部就是围绕销售增长的政策设计部门。

三是销售部。主要承载渠道职能。

新营销需要相对应的新营销职能，以及承载新职能的新组织。虽然现在新部门的称谓多元，但从职能看，下面几个部门是必要的：需求链管理、传播部、推广部、大数据部。

需求链管理部门的职能是：发现场景需求，与“极客”建立联系，研发产品。

传播部的职能是：生产社交货币，应用传播新技术，或者与其他传播平台合作。这是一个生产 IP 的部门。

推广部的职能是：渠道管理，传播推广。既是陆军，也是空军。

大数据部。渠道数字化是必然趋势，基于数据的精准营销也是趋势，通过大数据为营销提供决策支持，提供精准打击，必不可少。

需求链管理

需求链管理是研发部门的升级版。

研发部门，很容易被理解为技术部门。用需求链管理，就是一种态度：从需求的角度对待技术、产品。

需求链，就是发现客户需求，并把需求以产品形态呈现出来。

需求链有两个导向：

一是**技术**导向，以什么样的技术、工艺生产更高品质的产品；

二是**需求**导向，消费者的需求及表达形式。

产品形态，应该是上述两者的结合。

在需求链管理中，**有两个角色很重要：一是场景师角色；二是极客（Geek）**。

新营销的产品逻辑是场景，发现不同人在相同场景的相似需求，并产品化。场景研究与传统的客情研究不同。

极客，含有智力超群和努力的语意，是一群以创新、技术和时尚为生命意义的人。

任何时代都有极客，互联网时代，因为社群的崛起，企业可以与极客建立常态联系，如微信极客群，甚至让极客参与产品创意、研发、体验等过程。

一般而言，极客懂技术，懂消费者，有偏执取向，听取他们的意见对于打造极致的产品很重要。

从“研发部”到“需求链管理”，不是简单的名称变化，而是价值取向的变化，也是职能的变化。

需求链管理，比研发的职能更大了。这个部门怎么管理，谁来管？现在，很多老板成为首席产品官（CPO），这只是临时化解管理困境的方式。

传播部

传统市场部也有传播职能，以大众媒体为主的传播。新营销的传播，更多倾向于社交媒体和网络空间的传播。

传播部门的职能，简言之，就是打造 IP。围绕打造 IP 的活动，就是传播部门的职责。

传播部的职责大致包括：

第一，IP 演绎。无论是 IP 化老板或经理人，还是 IP 化品牌，IP 化产品，谁来演绎、塑造，一定会落实到具体的部门。

第二，内容生产。传播内容包括价值型内容、社交型内容，或者两者兼具的内容。社交型内容是主流，更准确地说，是社交货币的生产。

适合互联网传播的内容，称为社交货币。社交货币就是有传播性的谈资。

江小白的营销中心，人员众多，就是一个生产社交货币的部门。江小白的文案也好，表达瓶也好，都是来自于这个部门。

互联网对社交货币的消耗量很大，“一个广告做几年”的现象不会存在了，所以，传播部要有持续生产社交货币的能力。

第三，占领互联网传播阵地。互联网技术发展很快，每次新技术的出现，都会崛起一批超级 IP，也会让原来的部分 IP 边缘化。任何一次传播阵地的缺失，都可以让 IP 失去传播势能。

推广部

在深度分销时代，销售部的主要职能就是深度分销和终端推广，但把终端推广作为主要职能的并不多。统一老坛酸菜面的崛起，除了产品、品牌因素外，“建立以推广为主导的销售体系”功不可没。

推广是深度分销的最重要职能，可惜，多数深度分销只做到铺货、理货、促销等职能，而推广是完成动销的工作。

销售部门的职能，通常认为是渠道职能，现在的说法是 B 端维护，而推广恰恰是从 B 端延伸到 C 端，既维护了 B 端、强化了 B 端，也教育、引导了 C 端。

互联网时代的销售部门，仍然要以推广为核心职能，既包括线下推广，也包括线上推广。称为推广部，就是希望不要忘记销售部门的核心职能。

有了互联网工具，销售部门的 B 端、C 端联动更方便了，而推广恰恰是实现联动的有效手段。

大水漫灌式的深度分销已经到顶了，但**深度分销仍然不可少。深度分销，这是推广部的“陆军”角色，即商流角色。**

推广部的另一个角色是“空军”角色，即传播角色。通过社交平台，与消费者建立密切的联系和沟通，通过传播的区域引爆，打造 IP。

以消时乐为例。推广部的任务，既要建销售网络，也要建传播网络；既要让产品无处不在，也要让传播无处不在；既是陆军，也是空军。

大数据部

某知名品牌号称终端覆盖率 98%，但进驻某市 B2B 平台后，发现 9000 家终端，2000 家没货，直接把覆盖率拉下 20%。

20% 的空白点在哪里？品牌商和渠道商都不知道，如果知道，早就消灭了。但在 B2B 的大数据中，这是很简单的一件事。

早期的深度分销是人海战术，在人力成本不高、增长空间较大的情况下，企业能够承受人海战术的成本。现在，**深度分销仍然有用，通过渠道数字化，通过精准营销，既解决渠道问题，又降低人力成本，是必由之路。**

在渠道 B2B 化过程中，原来经销商所承担的全部渠道职能，将会转化为三大平台：

一是推广平台；

二是 B2B 订单平台；

三是统仓统配平台。

上述三大平台中，B2B 订单平台和统仓统配平台都是数字化平台，从这两个平台获取的数据，完全可供推广平台使用。

大数据部的职能，就是通过数据分析，为推广部门提供精准营销的数据。

❷ 赋能组织

经营单元的变迁

农耕文明时代，家庭是最小经营单元。一个家庭，既是生产者，也是经营者。包产到户之所以有效，就是因为回归了传统农业生产的基本单元。

工业文明时代，企业是最小经营单元。因为规模经济的需要，企业规模越来越大。

支持工业组织的两大管理支柱：

一是韦伯提出的“科层制”，只有科层制才能支撑更多的人员形成规模，从而实现规模经济；

二是泰罗的基于劳动分工的科学管理，科学管理提升了效率。

上述两大支柱，虽然保证了企业的规模化，但也产生了**三大结构性问题：**

一是产生了一个管理阶层。这个阶层不做决策，不做基层工作，只做管理，而且精英阶层在做管理；

二是因为分工和防范风险带来工作流程化。分工是为了提升效率，流程化又降低了效率；

三是因为分工过细，个体不了解整体，即使用 KPI 考核，也无法还原整体。

结构性问题，往往无解。上述结构性问题，经常被人称为官僚主义。中国营销界曾有很多争论，比如考核过程还是考核结果，比如过度压货，这些问题不是个案，而是系统性问题、结构性问题，在原有的组织架构内无解。

平台化组织形态

平台化的组织形态是：平台 + 小组织。

淘宝就是平台化组织，淘宝本身是个技术平台、有流量，而在淘宝上经营的商户（C2C），多数是个体户。个体化的组织，没有规模，没有流量，在传统组织里是无法把生意做到全国的，而借助于淘宝恰恰做到了。

韩都衣舍是个依靠淘宝发展起来的“淘品牌”，它也是一个平台 + 小组织的架构。韩都衣舍虽然在阿里这个大平台上，但它本身也是个平台，在平台之上有数百个“小组织”，称为“三人团”。

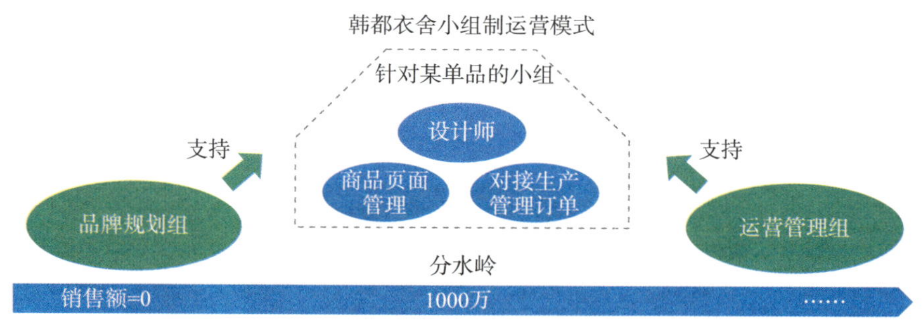

图 8－1　韩都衣舍小组制运营模式

“三人团”不是一定要有 3 个人，而是最多 3 个人。“三人团”承担了传统服装企业的设计、制版打样、生产、销售等工作。在传统企业，这是多个组织承担的工作。但在韩都衣舍，只需要不超过 3 人整合社会资源，依靠韩都衣舍这个小平台和阿里（京东）等这些大平台，就能很好地运作。

“三人团”实际上是个经营单元。韩都衣舍不是经营单元，只是平台。

因为“三人团”是最小经营单元，管理问题就简单了。

赋能与个体激活

韩都衣舍的总裁赵迎光说：要用赋能代理管理。“平台 + 小组织”实际上就是赋能组织。

经营单元的规模越小，个体的积极性越能得到发挥。

从本能角度讲，资本属性是个体积极性的天然来源。世界上天然不需要管理，有自我管理能力的人是老板，这是老板的资本属性决定的。

“平台 + 小组织”，其特征就是老板就是经营者、生产者，资本属性与生产属性一体化。

在工业文明时代，管理的一个重要问题是激活人性。人性本来就是活的，何来激活？**在工业化组织里，人是被动的，所以需要激活。**

在“平台 + 小组织”里，人的天性得到了解放，所以不存在是否需要激活的问题。

个体和小组织有积极性，但不一定有经营能力，而且面对大组织的竞争，他们不一定有竞争力。这个时候，就要给小组织赋能。

平台怎么赋能？

利用好平台的资源：

一是品牌、流量，如韩都衣舍品牌；

二是资金，平台为小组织融资；

三是数据，平台为小组织提供数据；

四是经营模式。

营销赋能组织

传统品牌商如何成为赋能组织？海尔把6万人重组成2万个“小微主”是个有益的探索，但多数大型品牌商在此方面无进展。

经销商的赋能组织，有大量成功的案例。

陕西某销售额为4亿元的大商，把传统经销商组织转型为平台+小组织，让有经营能力的人成为合伙人，成为“二老板”，而仓配等有集成度的部分则形成平台，解放了个体，激发了个体的能动性。

西安一个实力较弱的经销商，在代理某新品过程中，为了调动员工积极性，在探索出成功模式的情况下，把市场划分为多个片区，把员工发展成合伙人，合伙人再去寻找投资人，购买车辆。因为前期模式已经探索出来了，所以员工有信心。依靠组织赋能和合伙体系，一个大市场很快就启动了。

目前，经销商普遍反映的问题是：招人难、管理难。在原有组织体系中，这确实是个严重的问题，而营销又是需要发挥员工能动性的岗位，所以，平台赋能，小组织激活就成为经销商组织转型的重要方向。

❸
C 端组织

传统的营销组织，除了直销外，都是 B 端组织。

B 端组织最简化的流程是：F2B2R2C。其中，F 代表工厂（品牌商，Factory），B 代表经销商（Business），R 零售商（Retail），C 代表消费者（Customer）。

上述组织架构中，B 和 R 都是商业中的 B 端组织。

C 端组织，典型的架构是 B2C，或者 F2B2C。电商平台和社交平台的崛起，让 C 端组织成为可能。

案例：优步劳的 C 端突围

优步劳是按德国工艺在邯郸建立的中国最大的精酿啤酒企业。建成之初，邀请曾在跨国公司任职的资深职业经理人负责运营，按照深度分销模式做销售。

中国的啤酒行业已经高度集中，三大啤酒企业建立了很强的渠道壁垒，比如买断终端。所以，中国的啤酒企业形成了很强的区域性，即使啤酒三强进入其他品牌的优势区域，难度也很大。

在 B 端突破无门的情况下，一群 90 后小女孩从 C 端找到了突破口。她们发明了一种新型啤酒形态“鲜扎闪送”。“鲜扎”指新鲜啤酒，“闪送”指半小时以内送达消费者。

她们以社交平台为入口获取订单，通过分布在城市各地的配送站直达 C 端（消费者），反而迅速突破了强势品牌的渠道壁垒。

优步劳无意中做了一件事，建立了 C 端营销组织。

深度分销使命的终结

中国本土企业一直享受着渠道红利。中国营销界曾经有过品牌驱动还是渠道驱动之争。2004 年，陈春花教授提出了中国营销“渠道驱动优先于品牌驱动”的观点。

即使是品牌驱动的跨国公司，在中国要想成功，也必须依靠渠道驱动。要么渠道驱动，要么品牌渠道双驱动，中国没有纯粹的品牌驱动企业。

中国的渠道红利分为两个阶段：市场重心下沉和深度分销。

1997 年到 2003 年，市场重心下沉是渠道红利。以 1997 年亚洲金融危机为发端，从“省代”向“市代”下沉；2000 年又下沉至“县代”。至此，“县代”成为渠道的基本格局。

2003 年，包政教授、施炜教授等提出了“深度分销”理论，再次成为中国营销的渠道红利。深度分销的实质，就是接近终端，影响终端。以终端为依托，针对消费者开展推广活动。

2013 年，多数快消品行业产量达到历史最高点，此后产量进入下降通道，深度分销遭遇历史性困难。深度分销的架构虽在，但分销和推广难度加大，深度分销的使命终结。

C 端组织红利

所有 B2C 形态的组织，都可以称为 C 端组织。

天猫、京东是C端组织，品牌商（代理商）直接在电商平台上与消费者互动，减少了渠道层次。自2012年淘宝井喷后，B2C享受了5年左右的创新红利。

社交电商（微商、微信小程序）也是C端组织，某些特殊形态的商品，在社交电商上很活跃。借助于社交平台的动员能力，社交电商比传统直销威力更大。

B2C形态的电商和社交电商，仍然不是商业的主流，占比不高。2017年，B2C占社会零售商品总额的比例为15%，已经在逼近B2C商业形态的上限。

优步劳“鲜扎闪送”形态的组织仍然不会是主流，它只是破解B端壁垒的阶段性利器。

主流C端组织形态

B端组织的一个特点就是R端（零售端）很难回避，新零售仍然是零售，是现在零售形态的变化，不是零售业态的消失。

主流C端组织，有两条线：一是商流；二是信息流。

传统营销，市场部负责品牌传播，是信息流；销售部负责销售，是商流。

从商流角度，F2B2R2C已经很简化了，除了KA是F2R2C外，多数渠道形态都很难再优化了。

从信息流角度，F2C或F2R2C将成为主流。

主流C端组织，将承担商流和信息流的双重职能。用营销专家方刚老师的说法：过去的陆军，现在也要承担空军的职能。

从B端组织到C端组织，不一定是流通环节减少了，而一定是**沟通环节减少了。**

营销的本质是消除信息不对称，利用信息不对称，建立对自己有利的信息优势。通过互联网、社交平台与消费者（C端）建立直通管道，会迎来新一轮的渠道红利。

C 端组织，不是重建销售队伍，而是以互联网工具，对 B 端组织重新赋能。

优步劳的 C 端组织，前期承担的主要角色是突破 B 端壁垒。除了少数小众产品外，对于大众产品，优步劳绕过 R 端的组织架构仍然有问题。它所起的作用，就是倒逼 B 端组织，然后形成主流的 C 端组织。

C 端组织的典型形态将是：销售仍然走 B 端组织，但传播走 C 端组织。

销售走 B 端组织，利用了渠道自身的流量、客情和推力；

传播走 C 端组织，利用了互联网、社群等工具与消费者建立直接联系，在传播方面直接影响消费者，形成营销的拉力。

❹ 鲜扎闪送，用 C 端组织倒逼 B 端

陈茜，90 后，优布劳“鲜扎闪送”创始人，在啤酒行业高度集中的情况下，通过产品创新、组织创新获得了新的生存空间。

陈茜说：“大家应该都知道，有的大品牌他们真的就是拿着很多钱，直接甩到终端店，只有一个目的，就是告诉那家店：你只能销售我的啤酒，其他的品牌不可以销售。

“其实这是一个很粗暴也很简单的玩法，我们没有资源，更没有兴趣去这样做，同时我们认为这是一个很 LOW（低端）的玩法，作为 90 后的创业人我不希望用这种古老的方式作业。我身边经常有一些朋友和我抱怨讲说我不太想喝只有一种口味大品牌的啤酒，这些啤酒寡淡如水，走肾不走心。这是因为我们根本找不到来自 C 端消费者的位置。我要把啤酒重做一遍，是以用户为主导来做啤酒。”

强势啤酒品牌采取买断终端，实行 B 端封锁手段的情况下，“鲜扎闪送”就建立了 C 端组织。

“鲜扎闪送”利用社群、社交平台，招募年轻的精酿啤酒爱好者，让他们参与到产品研发的一个环节，并且在产品研发过程当中，不断跟用户进行沟通、调整，测试，形成了特色鲜明、用户接受度极高的三个系列产品：爽口果啤系列、轻口小麦系列、重口 IPA 系列。

这个过程就是需求链管理，产品是需求链管理的结果。在需求链管理中发现了 KOL，也是下一步传播的重要角色。

陈茜感慨，优布劳精酿啤酒入市之初，自己可谓处处碰壁。虽然她推出的爽口果酒系列、轻口小麦系列等啤酒“口感纯正好喝”，但缺乏

品牌知名度销售困难。

但她很快调整思路，从传统渠道转为社群渠道，采取了“拉新、激活、活跃、留存、邀请”等策略，很快见到效果。

她们总结C端组织的特点：1990原理。1个铁杆粉丝，能够激活9个粉丝，然后带动90个消费者。一个地级城市，100个铁杆粉丝，带动2万个消费者，形成庞大的消费群体。

有些铁杆粉丝并不喝酒，但他们是鲜扎闪送的支持者、传播者。粉丝的支持是无私的。

现在，陈茜的“鲜扎闪送”已经在邯郸拥有了几万的粉丝，被用户戏称为“小鲜女”，还设计了自己的卡通形象。

强势品牌建立了渠道壁垒，但“鲜扎闪送”通过建立“配送站”的方式，实现了半小时配送。“闪送”就是快速配送的意思。

图8-2　鲜扎闪送

通过社交平台获取订单，通过配送站快速配送，就成功地突破了强势品牌的渠道壁垒。

现在，陈茜的“鲜扎闪送”销售越来越火爆，甚至在啤酒淡季的2017年冬天都卖出了超过以往旺季的销量。

附录1
建立IP驱动的营销系统

❶ 营销进入“连接传播”时代

新营销体系里最关键的要素，我认为就是IP。

为什么这么说？我们回顾一下营销史，发现营销受媒体生态影响很大。甚至可以说，媒体是营销的主要工具，媒体决定营销效率，媒体是营销的边界。

媒体为什么这么重要？

营销的核心，或者说本质是认知（信息不对称），传播决定了认知，**媒体是传播效率最高的载体。**

传播的演变，**大致可以分为三个时代：**

（1）**口碑传播时代**。在农业文明时代，除了官方的驿站外，商业传播的手段是口碑。口碑虽然传播质量高，但传播效率低。

（2）**大众传播时代**。20世纪20年代，无线电发明后，宝洁等肥皂企业率先利用电台作为传播工具，也诞生了“肥皂剧”一词。革命性的媒体，诞生了革命性的营销。

电视媒体出现后，传播的效率更高了。现在的知名品牌（排除不适合做电视广告的品牌），传播基本上以电视为主。中国的知名品牌，多数打上了央视传播的烙印。

上述现代媒体，统称为大众传媒。现代营销，只要资金能够越过大众传播的门槛，很少有不用大众传播的。因为大众传播是效率最高的。

PC互联网的出现，并没有带来传播重大的变化。从传播形态看，PC互联网仍然是大众传播，或者说是大众传播的互联网版。

（3）**连接传播时代**。彻底改变媒体传播形态的是移动互联网，移动互联的最大变化是“社交平台”成为传播的主要载体。

社交平台的传播模式有两个关键词：一是连接；二是分享。

社交平台是线下社交结构的线上迁移和放大。因为社交结构被整体迁移到线上，所以，社交成为获取信息的主要方式之一。这种方式，不是大众传播，而是连接式传播。

社交平台获取信息的方式，是通过连接形成分享。

如果说大众传播是付费传播的话，基于连接的分享式传播可以是免费的。

如果说大众传播是单向传播的话，分享式传播是可以互动的，是可以形成传播链的，受众也可以是传播者。

从历史角度看，媒体的呈现方式决定营销的基本技术手段，媒体是营销的基本武器。

❷ IP 驱动

无论是营销 4P 的信奉者，还是 4C、4R 的信奉者，在过去的实践中表现为两大驱动力，**即品牌驱动和渠道驱动。**

营销的组织架构：市场部和销售部是基本架构。市场部驱动品牌，销售部驱动渠道。

无论信奉什么理论，没有组织保障的理论，不过是空谈。

品牌驱动，源于大众传播（尽管可能有人不同意品牌主要靠传播，但实践通常如此）。

当传播从大众传播时代进入连接传播时代，基于大众传播的品牌驱动失效了。

但是，传播仍然存在，通过传播形成信息不对称，改变认知的营销需求仍然存在。这个时候的传播驱动系统，就是 IP 驱动。

IP 驱动，就是基于社交平台分享式传播的驱动系统。

发达国家的营销，过去已经趋于 1P 营销，因为渠道已经第三方化。中国由于渠道的碎片化，品牌驱动和渠道驱动并存。

基于连接的传播，营销驱动力是 IP 驱动和渠道驱动，而且 IP 驱动居于主导地位。

一方面，由于 B2C 平台的出现，有些产品不通过传统分销渠道，直达 C 端，渠道驱动消失了；

另一方面，传统的渠道驱动，因为渠道人员通过社交平台建立了联系，社交平台的效率高于线下，所以，渠道驱动也有 IP 化的趋势。

中国传统营销中，渠道驱动必不可少，很多没有能力做品牌驱动的企业，靠渠道驱动也取得了阶段性的成功。

新的营销体系中，IP 驱动必不可少。即使是小型企业，也有能力形成 IP 驱动力，反而是渠道驱动的门槛在提高。

❸
什么是 IP

IP 的本意是知识产权（intellectual property），原是影视、游戏、动漫等娱乐领域的词汇。一旦娱乐形象为公众熟知，就可以开发系列衍生产品。衍生产品在娱乐领域的占比非常高，比如，米老鼠的动漫形象深入人心，就可以围绕米老鼠进行衍生产品开发，如米老鼠玩具。这个过程，称为 IP 授权。

IP 授权是延长 IP 商业生命，也是扩大 IP 影响力的过程。

IP 的商业化发展经历了三次延伸：娱乐 IP—互联网 IP—泛 IP。

IP 的第一次外延延伸，是从娱乐 IP 进入互联网 IP。互联网创造众多新平台，在平台上崛起了一批娱乐化的红人，如微博的大 V、秒拍的 Papi 酱，A 站 B 站的 Up 主，蘑菇街红人、nice 时尚达人等。这些红人吸引流量，可以衍生商业。

IP 外延的第二次延伸，是 IP 的泛化。一切在互联网上可以自主传播的人格化标签，都可以称作 IP。IP 可以是企业老板，如小米的雷军；可以是品牌，如江小白；可以是产品，如小茗同学。IP 外延的第二次延伸，出现了泛 IP 化，一切有影响力的东西，都称为 IP。

吴声在《超级 IP》这本书中，把超级 IP 定义为有自流量的符号。那我从营销的角度来定义，IP 就是互联网上能自主传播的符号，我特别强调自主传播，就是区别于传统的被动传播和付费传播。

自流量、自主传播，这是 IP 的重要特征，判断 IP 的核心标准就是有没有传播势能。

这里我们要跟传统的传播做一下对比，传统的传播是传播者和接受者单向的关系，而互联网的传播，接受者可能是再传播的发起者。丁丁老师讲粉丝是支持者，这个支持的核心内容就是传播，而不一定是购买。

我把 IP 分为两类：公共 IP 和自有 IP。吴晓波和雷军两个人都是 IP，但是两个人是完全不同的 IP。我把吴晓波叫公共 IP，或者说叫媒体属性的 IP，实际上他就是一个媒体。而雷军，叫自有的 IP。

公共的 IP，以吴晓波为例，他有很大的流量，但是他基本不卖东西，虽然他也众筹过杨梅树、卖过杨梅酒，但基本上是不成功的。公共 IP 的流量可以为其他的商业来引流，所以他的属性和传统媒体的属性是极其相似的，是帮助别人引流的。而雷军则不同，他参加新品发布会，是为自己的产品来引流，所以我把他叫自有 IP。

也有些 IP，既有媒体属性，也有自有属性，比方说王石。他过去既是万科的形象代言人，也是一个玩家，也会为其他的品牌代言，比如为格力做广告代言，具有多种属性。

但是我们在新营销里面所讲的 IP，如果不特别说明的话，主要指的就是自有的 IP。

4 IP与品牌的区别

IP和品牌的区别很多人在讲，都各执一词，但我觉得还是营销专家苗庆显总结得最到位。他说：**“IP天然是品牌，但品牌不一定是IP。”**我们换句话说，如果品牌在互联网上，自己成为传播话题的话，它可能就是一个IP，否则它就不是。

所以我们看，NIKE是一个强势品牌，也受追捧，但是它自身不带流量，要记住它需要更多的传播，而不是消费者主动去谈起，所以它不是一个IP。而NIKE的乔丹联名款AJ却是一个超级IP，因为它因乔丹的标签而具有了人格化特征，能够自带流量，完成自传播。

可口可乐也是一个传统品牌，但是我认为它已经转化成了IP。过去百事可乐打出的口号是年轻人的可乐，但是最近几年我们发现，可口可乐在这方面做得更好：通过笑脸包装、表情海报、歌词瓶等年轻人喜欢的方式，为品牌成功打造了人格化特征，并在互联网上引发了大量的话题传播。所以就转换成了一个IP。

简单总结一下：

品牌是垂直作用力，IP是水平作用力；

品牌锚定的是产品或品类，越延伸锚定力越弱；

IP锚定的是人格，有的可跨界，有的难跨界。

超级IP就是跨界的结果。

❺ 打造 IP 矩阵

IP 打造大致有三个方向：老板、品牌、核心产品。

比如，江小白的老板陶石泉是一个 B 端的 IP，品牌是年轻人中的 IP，经营场景的产品也是 IP，这样就形成了一个 IP 矩阵。

巴奴火锅，也有这样的 IP 矩阵。它的老板杜中兵是一个 IP，巴奴毛肚火锅这个品牌也是个 IP，大单品毛肚以及十二个他称为护法的产品也是 IP。

除此之外，也有一些其他的 IP 塑造方式，比方说把员工打造成 IP。前几天在召开上合会议期间，我们被一张顺丰快递员手拉肩扛快递箱徒步送快递的照片刷屏了，王卫亲自点赞。随着这张照片在网络上的疯传，顺丰快递员的 IP 形象也成功建立了起来。

还有的品牌通过自创动漫或玩偶的方式来塑造 IP，比如日本的熊本熊、三只松鼠、江小白等。

IP 的框架

而要形成一个 IP，我们还需要掌握它的四大特征，明白它的形成机理。

第一个是人格化，人格化是 IP 的一个重要特征。用苗庆显的话说，IP 人格化的生理学基础是人们更加容易记忆人物形象，对人物化的事物更加容易接受。这也是为什么我们强调老板一定要成为 IP，就是因为老板本人是天然人格。

IP 的第二个特征就是小众化，满足少数人的特殊需求，更容易形成 IP。IP 在小众中发酵，因为小众有偏执的特征，而只有偏执才有强大的传播势能。

这是我们很多人对 IP 理解最容易出问题的地方，因为我们大多数在二次传播中讲的 IP 都是超级 IP。那么所谓超级 IP 一定是跨界多个小众，最后成为大众。超级 IP 一定是一个大众，但是大多数 IP 可能永远都是小众，只有少数可以成为超级 IP。

第三个特征是持续的内容生产和传播。IP 的形成和品牌形成的逻辑有很大的差别。记得十年前有一个龙头企业老板说过："所谓品牌是每年花两亿元，让消费者记住一句话，这句话就是品牌的 slogan，这个 slogan 可能一年或多年时间内传播的都是这句话。"但是 IP 的传播不是这样的，他就像机关枪一样，每天要消耗大量的子弹，要消耗大量的内容，所以要生产大量的内容。

第四个特征就是占据最新的传播平台。每一个新的互联网平台的产生，都会产生一批新的 IP。所以公众的注意力在哪，我们的 IP 传播就要跟到哪。

（本文根据在"粉丝研究院"的分享内容整理、修改而成）

附录 2 IP 的人格化与内容的调性

❶ 内容分享式传播

传统内容获取方式，主要是大众传媒。

现在发生了变化，有三种主要方式：

一是以“今日头条”为代表的精准传播。其技术支持是大数据和AI，这是精准的定制型内容。

二是以社交平台为代表的连接传播。所谓连接传播，就是我连接谁，谁就获取连接圈层的信息，这就是信息传播的圈层化。一个人获得的信息，经过圈层过滤。同时，哪些信息被关注，也受圈层影响。越是圈层关注度高的信息，也容易被关注。

三是信息平台的头部信息。其实，头部信息的形成机制，也是连接机制推动的，比如点击量、浏览时长、点赞数等。

以抖音的推荐流程为例。首先是附近的个别用户能够看到，根据这部分用户的点赞率、播放时长、评论的数据等维度，算出来这个视频的星级。如果评分可以，就会给更多类似的用户推荐；如果数据没有衰减，会继续推荐；如果数据衰减了或者评级不高，就会减少推荐。

从上述流程看，头部信息仍然是基于连接机制形成的。

传播进入社交连接时代，这是营销必须正视的现实。

❷
让内容具有社交分享价值

既然现在是连接时代，传播的内容是社交分享式的，那么，如何生产具有社交分享价值的内容就很关键了。

内容生产，已经成为 IP 驱动的一个重要问题。

有社交分享价值的内容很多，但如果内容不能积累成 IP 的话，那么内容传播也是没有意义的。

所以，**对传播内容的要求有两方面：**

一是有传播性，具备社交分享属性；

二是有企业主体的调性，让受众形成辨识度，一看就知道是谁的内容。

第一，从场景的精神体验寻找内容诉求。

如果说大众传播是功能导向的话，那么社交分享式传播通常是精神导向的。养生、段子、娱乐等内容之所以传播量大，就在于它们是大众共享的精神体验。

腾讯在 2018 年新媒体运营报告中说，圈层性和情绪性是新媒体运营的两大特征。其实这两大特征有逻辑关系，正因为是圈层的社交分享，所以内容必须是情绪化的。

单篇内容有分享价值，内容集成能够形成标签（有统一性），并进而引爆成为 IP。这是对内容生成要求的三个方面。

在家喝酒是爱好，在饭店喝酒是朋友间的精神体验。所以，江小白的传播，体现的是“四小场景”：小聚、小饮、小时刻、小心情。这是传统酒商怎么也难以理解的地方。

在家吃饭是为了饱腹，在饭店是为了聚餐。所以，消时乐不是强调饮料好喝，而是强调“欢聚食刻”，欢聚在吃饭的时刻，这是精神体验。

答案茶传播的不是好茶，而是“青春问题”。调饮茶的消费者是年轻人，他们的问题也是“青春问题”，所以，答案茶的 CEO 在 2018 年 5 月的一次分享中说：“答案茶的答案，坚定了 13894 人一生最初的梦想，摧毁了 18953 人一夜暴富的梦想，毁灭了 27690 人一续前缘的机会。”

产品是功能性的，场景是精神性的。从场景中发现可以传播的价值，最后衬托出产品。

第二，内容要体现企业价值观。

围绕价值观的内容创作，不是纯粹强调传播性。具有相同价值观的内容，反复强化，才有辨识度，最后形成 IP。

江小白的价值观是“简单纯粹”，三只松鼠的价值观是“快乐”，苹果的价值观是“极致”，消时乐的价值观是“欢聚食刻”。

那些到处蹭热点，没有核心价值观的段子、文案，可能短期有流量，但没有 IP 积累，流量过后，什么也不剩。

第三，商业隐藏于传播之后。

传播当然最后还是为了商业，只不过是一步到位的商业，还是分步到位的商业。

江小白创始人陶石泉说：“当商业与传播发生矛盾时，宁可牺牲商业。”

是的。只要有传播，一定会有商业。但是，当商业当道时，传播可能就没有了。比如，目前盛行的时令假日的图文案，多数是以互联网方式表现的广告，当然没有传播性，只是在组织内传播而已，属于典型的自嗨。

只要传播引爆了，IP 形成了，成为社交货币，商业就水到渠成了。

第四，内容的三层递进。

吴声在《超级 IP》中把内容分为三个层次：

内容 1.0，同义反复，同质延伸，不断强化；

内容 2.0，跨界进击，生成新内容；

内容 3.0，集体无意识，集体记忆。

IP 引爆，内容 1.0 是关键，必须有足够的同质化内容。但要避免快起快落，必须通过内容 2.0 和 3.0 延伸生命，构筑护城河。

❸ IP 的人格化

内容与 IP 的关系是什么？**内容传播引爆后，就是 IP。**

在 IP 引爆前，内容的持续分享可以一直做。在 IP 引爆后，IP 成为社交货币，是社交谈论的话题。

内容要有分享性，IP 要有话题性。

Papi 酱引爆前一直在做视频，有人点赞，有人传播。直到 Papi 酱一夜引爆，成为 IP，人们开始谈论她。

从分享的内容，到成为谈论的话题。这是传播质的变化。当然，载体都是社交平台。

从受众角度，受众先感受到内容，再抽象出 IP；从内部角度，先设计 IP 调性，再生产传播内容。

IP 的调性与内容是协同的、统一的。甚至可以说，IP 不过是内容的标签化。

然而，内容是分享的，IP 话题是谈论的，两者又不同。

分享内容，情绪性是最大公约数；作为谈论话题，人格化是最大公约数。

IP 为什么要求是人格化的？一直没有一个明确的答案。

品牌专家苗庆显说：“IP 人格化，其生理学的基础就是人们更加容易记忆人物形象，对人物化的事物更加容易接受。比较典型的比如米其林轮胎先生，跟消费者有深度的沟通和互动，万宝路的牛仔以形象取胜，沟通程度上浅一些。”

吴声在《新物种爆发》中说：“差异化是物理性或中性的表达，个性则是人格或人格化的表达。所以说起营销定位的差异化，更倾向于是物化的产品生产与供应。而说到品牌定位个性化，则是物的人格化再生产与供应。个性化是人格化的基础，所谓个性化就是赋予物品以人为中心的情感与价值创造。”

上述说法都有道理，但显然不具备完全的说服力。我们可以从目前的超级 IP 中发现规律。

第一，目前的超级 IP 多数就是个性鲜明的人。

无论是不在公众场合露面的任正非，还是经常露面的马云、“董小姐”，甚至是 Papi 酱，都是个性鲜明，语不惊人誓不休，表达方式独特，用赵强老师的话说就是“特立独行”的人。所以，在 IP 矩阵中，“老板是最大的 IP”是一条金律。

一些相对理性的 IP，比如讲话相对专业的陶石泉（江小白创始人）、杜中兵（巴奴毛肚火锅创始人），他们就只能称为 B 端 IP，影响相对专业的人士。

第二，IP 是场景人物“具象的抽象”。

无论内容分享还是谈论 IP，对标的不是产品，是场景。产品差异化是物理性的，但场景的人则是有个性的。比如江小白的“四小场景”，就是对标于有个性的“90 后”。

把“90 后”的个性抽象出来，形成“具象的抽象”。说它具象，是因为它对标“90 后”；说它抽象，是因为它不对标某个具体的人。

以场景为背景，就会看到鲜活的人。在场景中消费，就会对基于场景的 IP 人格化有感。

第三，人的天性容易接受动漫化、夸张的形象。

儿童接受的形象有时代表着人的天性，因为儿童受到后天教育较少。受欢迎的动漫形象都是夸张的、戏剧性的，甚至是反叛的。

人格化不是还原成真实的人，而是抽象的人、戏剧性的人，甚至与现实中的人有反差的人物形象。

第四，仅有人格化形象还不够，还要有持续话题性。

第五，人格化形象要有配套的识别与表达系统。

丁丁老师提出**IP的表达系统包括：标志化的风格、标志化的标签、标志化的梗、标志化的表情包、标志化的传播平台。**

赵强老师也提出“特立独行，哗众取宠”，当然这句话要中性理解。

第六，人格化形象要与场景、产品有强相关关系。

所有IP最终要能够转化为商业，虽然IP的内容、话题本身要尽量与商业拉开距离，

❹ IP 的辨识度与表达系统

丁丁老师在分享中提出了 IP 的辨识度与表达系统的问题。这是一个好问题，即怎么让你的 IP 与众不同。

所谓辨识度，就是 IP 的记忆符号。

丁丁老师的观点是：

第一个衡量标准是看它有没有标志性的风格。比如前两年在网上非常火的《万万没想到》和暴走系列漫画，都有非常典型的自嘲风格，或者典型的形象上的风格。

第二个衡量标准要看是不是有标志性的标签。最直接的其实就是看他的 slogan，比如海尔的“真诚到永远”，Papi 酱的“一个集美貌与才华于一身的女子”，罗辑思维的“有种、有料、有趣的知识型社群”。

第三个标准要看有没有标志性的传播载体，比如表情包。在之前操作的客户项目当中，表情包几乎成了标配：我们做船歌鱼水饺的时候，就围绕着冬至做了一套水饺的表情包；我们做淄博齐文化的时候，做了一套姜太公的表情包。这些表情包在区域的范围内都是被广为传播的。

第四个标准看是不是有标志性的梗。什么叫标志性的梗呢？独特的黑点、笑点、亮点、槽点，都可以称之为梗。

例如 Papi 酱经常拿自己平胸调侃，咪蒙经常自嘲很胖，萧敬腾的“雨神”封号也是一个广为人知的梗，一说萧敬腾来了，大家就都问是不是要下雨了；还有演唱会现场连抓 6 人，人称“逃犯克星”的张学友，也是新晋比较热的梗。

其实这些都是非常好的一些记忆符号，能够让大家觉得他的风格是鲜明的，而且有亲近感，我们愿意去跟他互动。最重要的是在这个过程当中，这个 IP 真的是可以持续进化的。

赵强老师在分享中表达得更清晰："只有特立独特，才能哗众取宠。"特立独行，我认为就是鲜明的个性，有辨识度的个性，有记忆点的个性。

分享的内容可以总结为三句话：

传播决定认知，媒体形态决定传播模式；

连接是目前的主要媒体形态，社交分享是主要传播方式；

IP 是社交货币，而人格化是成为社交货币的最大公约数。

（本文根据在"粉丝研究院"的分享内容整理、修改而成）

附录 3
如何引爆 IP

❶

IP 引爆的“头部注意力”

我先提出一个移动互联传播的概念：头部注意力。

前面讲过，社交分享时代，**人们关注的信息，其来源有三：**

一是依据大数据和 AI 等算法精准投放的信息，如今日头条；

二是朋友圈推荐或都在关注的信息；

三是进入信息平台头部的信息。

与传统大众媒体形成“头条”的机理不同，大众媒体的头部是编辑判断的结果，社交分享的头部是“集体围观”的结果。

抖音的推荐奖励流程就是头部信息的形成过程，越是点赞率高、播放时长长、评论数据多的信息，越是能够获得平台流量的奖励，被推向头部。反之，则让信息流量趋零。

除了平台流量把高关注度信息推向头部外，社交分享机制也在发挥作用。受众获取信息后，如果觉得有推荐价值，也会向朋友圈推荐，这也是推向头部的力量。

如果是优质信息，社交分享链就会形成，信息推向头部的速度是指数级的。

❷
IP 引爆的“瞬间击穿”

传统大众媒体广告符合遗忘曲线：**强化记忆。**

所以广告投放有两个关键词：广告持效期和广告频次。

集中所有广告资源一夜爆红，不仅媒体不允许，而且难以做到。当然，广告效果二次发酵例外。

IP 引爆的机理是“集体围观，瞬间击穿”。

“集体围观”是助推信息走向头部，是“吃瓜群众”围观的结果。越是“吃瓜群众”围观，平台越是奖励流量，最后完成“瞬间击穿”，一夜爆红。

瞬间击穿的信息，其记忆逻辑不同，记忆会更深刻。瞬间击穿的同时，会形成传播的二次发酵，加强引爆效果。

所以，社交分享式传播的特点是：要么引爆，要么哑炮；要么是 1，要么是 0。

传播大众广告“细水长流式”的强化记忆，在社交分享式传播中就无效了，我形容为“细水长流不见水”。

如果没有“瞬间击穿”怎么办？对不起，从头再来，前面的传播归零。不会因为有 10 次失败的传播，积累成 1 次成功的传播。

❸
IP引爆的“引爆点”

引爆点，就是临界点。超过引爆点，传播会指数级增长，反之会归零。

如果传播内容比较好，会有少数“吃瓜群众”围观，这个过程可能还是可控的。超过引爆点就不可控了，有更多“吃瓜群众”围观，而且平台还会导流。

10万+的传播量是很多公众号文章追求的目标，这是有道理的。有人说，144000是传播的引爆点，这与10万+很接近。

当然，如果10万+是没有目标的大众传播，那么可能无法达到引爆点；如果是目标精准的小众，引爆的可能性极大。

消时乐2017年上半年招商引爆，总传播量也只有10万+，就成就了招商的现象级传播，成交商户600+。

上面讲的是绝对传播量，在中国这么大的国家，绝对传播量一旦被摊薄，密度很低。因此，比较好的引爆点，就是传播密度。

传播密度，就是在一个小众领域，或者一个局部区域的传播量。比如，现在超级IP导流，1000万+的流量可能没有引爆，但在一个县级市场，10万+引爆的可能性就比较大。

两者的差别，一个是绝对传播量，另一个是相对传播量，即传播密度。

互联网传播，有人拿传播量证明传播的效果。依我看，凡是没有引爆的传播，无论多大的传播量，其传播效果会很快归零。

④
IP 引爆的规律

超级 IP 的引爆，多少有点传奇色彩。

传奇，对于传播是个好东西，对于研究则是灾难。研究需要的是发现规律，可以复制。

传奇之所以是传奇，恰恰就在于规律难寻。

机会垂青有准备的人，但有准备的人不一定必然得到机会的垂青。超级引爆的传奇，一定是有准备的，但是，引爆本身是充满各种偶然的。

站在厂商角度，IP 引爆有几个环节不可少：

一是 IP 的调性和内容，是否适合社交分享；

二是能否在小众的可控传播中积累势能；

三是在场景中能否连接 C 端，扩大分享链；

四是能否打通“三度空间”，经过二级放大；

五是能否形成现象级的议论，形成二次传播。

上述过程，对于生产商而言是可以控制的。如果可控的过程形成了引爆的结果，IP 的引爆就是可控的、可复制的。

IP 的调性和内容，怎么才能适合在社交媒体分享，前面已经讨论过。这里主要讨论其他问题。

⑤
小众积累 IP 势能

过去，需求趋同，所以，大众是主流。所谓的小众，有时不过是销量较小的大众。因为小众也要与大众在相同的渠道竞争，很容易被“末位淘汰”。

未来也会有大众，但大众更可能是小众跨界流行的结果，是小众“征服”大众的结果。

1950 年，大卫·雷斯曼提出大众文化与小众文化的差别：大众文化是“消极地接受商业所赋予的风格和价值”，而亚文化则是“积极地寻求一种小众的风格”。

真正的小众，不放弃自己的风格，有“不妥协”的个性，而大众的风格是商业“征服”的结果，个性“泯然”大众。越是小众，越有向“组织”靠拢的倾向，因而更有传播势能。

小众天然是分散的、低密度的，地理上高密度的细分不是小众，比如在四川吃麻辣，虽然在营销上也可以称之为细分，但吃麻辣在四川就是大众，密度高得很。

因为小众天然细分，所以在传统时代，小众聚集的代价很高。而互联网改变了一切。小众场景，可以是占有空间和时间，现在可以通过社交媒体聚集，只是占有时间，代价低得多。

先在小众群体调适 IP 的调性，调适 IP 的内容，获得小众认同。比如，巴奴最初就是获得了“吃货”的认同，这些“吃货”在社交媒体上与海底捞的粉丝互喷。这就是 IP 在小众的势能。

按粉丝营销专家丁丁老师的说法，就是小众赢得粉丝，粉丝是支持者。支持的主要方式是传播、辩护。

❻ 仪式感形成关注和分享

IP很讲仪式感，巴奴的产品都是有仪式感的。吴声说："餐厅承载的是越来越多的娱乐属性、社交属性，吃本身已经不是最重要的诉求，签到、拍照、分享才是。"

仪式感的重要性在哪里？

一是吸引关注。没有关注就没有传播；

二是仪式感更适合在社交媒体分享。

无论是销售场景，还是消费场景，仪式感都让人产生冲动：拍照、分享、连接。

拍照、分享本身就是传播，而连接形成的规模是达到受控传播引爆点的基本要求。

仪式感本身还是传播引爆后，"吃瓜群众"辨识的视觉标志，特别是在视频分享中更是如此。比如，江小白的混饮，独特的"拍酒杯"动作就很有辨识度，甚至会成为混饮的一个标志。

7
用社群打通“三度空间”

移动互联最大的变化是社群分享成为传播的主流方式，社群是线下社交结构的线上整体迁移和放大，带来的是社交效率更高。

小众能够聚集传播势能，但引爆 IP 则需要放大传播量。放大传播量，需要通过社群打通三度空间，实现传播的二级放大。

社会对社交的误解很深：

一是把社群视为交易的场景，比如微商；

二是想自建社群，控制传播。

社群有三大功能：一是社交；二是传播；三是交易。没有社交，就没有传播和交易。

社交需要极大的投入，主要是时间的投入。不要以为建个群就有价值，没有社交，什么价值也没有。所以，社群传播主要依托他人的社群，形成传播链。

依托谁的社群呢？一是小众粉丝的社群；二是通过场景仪式感连接 C 端的社群。所以，社群是影响，不是自建和控制。

社群的价值在于放大传播。线下是可控的，从线下到社群，这是第一次放大；从社群到网络空间，这是第二次放大。所以，我定义社群是打通三度空间的路由器、放大器。

如果传播的内容有社交分享的价值，那么通过社群的二次放大，就有可能达到传播的引爆点。

在这个阶段，如果传播量不足以引爆，可以借助超级 IP 导流。否则，没有引爆的导流没有价值。

❽
冲突推动传播

巴奴提出的“产品主义”就源于巴奴的粉丝与海底捞粉丝的冲突。有一帮巴奴的铁杆粉丝，在微博上与海底捞的粉丝争论起来了，海底捞的粉丝说“巴奴根本不懂什么叫服务”，而巴奴的粉丝则回复“我们不需要服务，我们只需要好吃”。

应该说，双方的粉丝都没有错，但双方的冲突显然推动了传播。

江小白的传播也是如此。无论是粉江小白还是黑江小白，留言永远是两极分化。有人说真难喝，有喝过；有人说你不懂 90 后。

即使是对江小白的成功的解释仍然有冲突，有人说是文案的成功，有人说是新营销的成功。

正因为有冲突，所以才有更高的关注度。小众市场，需求偏执很正常。传播不害怕冲突，只害怕没有关注。

⑨ IP 的现象级传播

一旦 IP 引爆，并且有独特之处，就有可能被人当作研究对象，从而形成现象级传播。这是 IP 传播中的二次传播现象。

百雀羚的传播引爆就与二次传播有关。百雀羚的文案传播流量大，但转化率低。于是，当百雀羚的传播快结束时，一篇反思的文章引爆了，引发二次传播。

一旦引发大规模的二次传播，说明已经形成了现象级传播。二次传播通常是跨界的，一批与受众无关的写手、专家进入，发表各类观点。比如，2018 年足球世界杯期间，叶茂中策划的两个广告案，就引起了公众极大的关注，包括主要媒体参与进来，其传播热度甚至超过广告本身。

（本文根据在“粉丝研究院”的分享内容整理、修改而成）

推荐作者得新书！

博瑞森征稿启事

亲爱的读者朋友：

感谢您选择了博瑞森图书！希望您手中的这本书能给您带来实实在在的帮助！

博瑞森一直致力于发掘好作者、好内容，希望能把您最需要的思想、方法，一字一句地交到您手中，成为管理知识与管理实践的桥梁。

但是我们也知道，有很多深入企业一线、经验丰富、乐于分享的优秀专家，或者忙于实战没时间，或者缺少专业的写作指导和便捷的出版途径，只能茫然以待……

还有很多在竞争大潮中坚守的企业，有着异常宝贵的实践经验和独特的洞察，但缺少专业的记录和整理者，无法让企业的经验和故事被更多的人了解、学习……

对读者而言，这些都太遗憾了！

博瑞森非常希望能将这些埋藏的"宝藏"发掘出来，贡献给广大读者，让更多的人从中受益。

所以，我们真心地邀请您，我们的老读者，帮我们搜寻：

推荐作者

可以是您自己或您的朋友，只要对本土管理有实践、有思考；可以是您通过网络、杂志、书籍或其他途径了解的某位专家，不管名气大小，只要他的思想和方法曾让您深受启发。

可以是管理类作品，也可以超出管理，各类优秀的社科作品或学术作品。

推荐企业

可以是您自己所在的企业，或者是您熟悉的某家企业，其创业过程、运营经历、产品研发、机制创新，等等。无论企业大小，只要乐于分享、有值得借鉴书写之处。

总之，好内容就是一切！

博瑞森绝非"自费出书"，出版费用完全由我们承担。您推荐的作者或企业案例一经采用，我们会立刻向您赠送书币 1000 元，可直接换取任何博瑞森图书的纸书或电子书。

感谢您对本土管理原创、博瑞森图书的支持！

推荐投稿邮箱：bookgood@126.com　　推荐手机：13611149991

1120 本土管理实践与创新论坛

这是由100多位本土管理专家联合创立的企业管理实践学术交流组织，旨在孵化本土管理思想、促进企业管理实践、加强专家间交流与协作。

论坛每年集中力量办好两件大事：第一，**“出一本书”**，汇聚一年的思考和实践，把最原创、最前沿、最实战的内容集结成册，贡献给读者；第二，**“办一次会”**，每年11月20日本土管理专家们汇聚一堂，碰撞思想、研讨案例、交流切磋、回馈社会。

论坛理事名单（以年龄为序，以示传承之意）

首届常务理事：

彭志雄　曾　伟　施　炜　杨　涛　张学军　郭　晓　程绍珊　胡八一
王祥伍　李志华　陈立云　杨永华

理　　事：

张再林　卢根鑫　刘文瑞　王铁仁　周荣辉　罗　珉　房西苑　曾令同
黄民兴　陆和平　孟广桥　宋杼宸　张国祥　刘承元　叶兴平　曹子祥
宋新宇　吴越舟　吴　坚　杜建君　戴欣明　仲昭川　刘春雄　刘祖轲
张茂泽　段继东　陈立胜　梁　涛　何　慕　秦国伟　贺兵一　罗海容
张小虎　陈忠建　郭　剑　余晓雷　黄中强　朱玉童　沈　坤　阎立忠
张　进　丁兴良　朱仁健　薛宝峰　史贤龙　卢　强　史幼波　黄剑黎
叶敦明　王　涛　李文才　王　强　张远凤　陈　明　廖信琳　岑立聪
方　刚　何足奇　周　俊　杨　奕　孙行健　孙嘉晖　张东利　郭富才
叶　宁　何　屹　沈　奎　王明胤　王　超　马宝琳　谭长春　杨竣雄
夏惊鸣　张　博　段传敏　李洪道　胡浪球　孙　波　唐江华　程　翔
翟玉忠　刘红明　杨鸿贵　伯建新　高可为　李　蓓　王春强　孔祥云
戴　勇　贾同领　罗宏文　张兵武　史立臣　李政权　余　盛　陈小龙
尚　锋　邢　雷　余伟辉　李小勇　苗庆显　孙　巍　陈继展　全怀周
林延君　王清华　初勇钢　陈　锐　高继中　聂志新　黄　屹　沈　拓
徐伟泽　潦　寒　谭洪华　崔自三　王玉荣　蒋　军　侯军伟　黄润霖
朱伟杰　金国华　吴　之　葛新红　周　剑　崔海鹏　李治江　陈海超
柏　龑　唐道明　刘书生　朱志明　曲宗恺　杜　忠　黄渊明　王献永
范月明　吕　林　刘文新　赵晓萌　张　伟　韩　旭　韩友诚　熊亚柱
秦海林　孙彩军　刘　雷　贺小林　王庆云　黄　娜　俞士耀　田　军
丁　昀　张小峰　黄　磊　罗晓慧　赵海永　伏泓霖　任彭枞　梁小平
鄢圣安　马方旭　乐　涛　杨晓燕　欧阳莉华　陈　慧　张　璐

企业案例·老板传记

	书名. 作者	内容/特色	读者价值
企业案例·老板传记	**你不知道的加多宝:原市场部高管讲述** 曲宗恺　牛玮娜　著	前加多宝高管解读加多宝	全景式解读,原汁原味
	借力咨询:德邦成长背后的秘密 官同良　王祥伍　著	讲述德邦是如何借助咨询公司的力量进行自身与发展的	来自德邦内部的第一线资料,真实、珍贵,令人受益匪浅
	娃哈哈区域标杆:豫北市场营销实录 罗宏文　赵晓萌　等著	本书从区域的角度来写娃哈哈河南分公司豫北市场是怎么进行区域市场营销,成为娃哈哈全国第一大市场、全国增量第一高市场的一些操作方法	参考性、指导性,一线真实资料
	六个核桃凭什么:从0过100亿 张学军　著	首部全面揭秘养元六个核桃裂变式成长的巨著	学习优秀企业的成长路径,了解其背后的理论体系
	像六个核桃一样:打造畅销品的36个简明法则 王　超　范　萍　著	本书分上下两篇:包括"六个核桃"的营销战略历程和36条畅销法则	知名企业的战略历程极具参考价值,36条法则提供操作方法
	解决方案营销实战案例 刘祖轲　著	用10个真案例讲明白什么是工业品的解决方案式营销,实战、实用	有干货、真正操作过的才能写得出来
	招招见销量的营销常识 刘文新　著	如何让每一个营销动作都直指销量	适合中小企业,看了就能用
	我们的营销真案例 联纵智达研究院　著	五芳斋粽子从区域到全国/诺贝尔瓷砖门店销量提升/利豪家具出口转内销/汤臣倍健的营销模式	选择的案例都很有代表性,实在、实操!
	中国营销战实录:令人拍案叫绝的营销真案例 联纵智达　著	51个案例,42家企业,38万字,18年,累计2000余人次参与……	最真实的营销案例,全是一线记录,开阔眼界
	双剑破局:沈坤营销策划案例集 沈　坤　著	双剑公司多年来的精选案例解析集,阐述了项目策划中每一个营销策略的诞生过程,策划角度和方法	一线真实案例,与众不同的策划角度令人拍案叫绝、受益匪浅
	宗:一位制造业企业家的思考 杨　涛　著	1993年创业,引领企业平稳发展20多年,分享独到的心得体会	难得的一本老板分享经验的书
	简单思考:AMT咨询创始人自述 孔祥云　著	著名咨询公司(AMT)的CEO创业历程中点点滴滴的经验与思考	每一位咨询人,每一位创业者和管理经营者,都值得一读
	边干边学做老板 黄中强　著	创业20多年的老板,有经验、能写、又愿意分享,这样的书很少	处处共鸣,帮助中小企业老板少走弯路
	三四线城市超市如何快速成长:解密甘雨亭 IBMG国际商业管理集团　著	国内外标杆企业的经验+本土实践量化数据+操作步骤、方法	通俗易懂,行业经验丰富,宝贵的行业量化数据,关键思路和步骤
	中国首家未来超市:解密安徽乐城 IBMG国际商业管理集团　著	本书深入挖掘了安徽乐城超市的试验案例,为零售企业未来的发展提供了一条可借鉴之路	通俗易懂,行业经验丰富,宝贵的行业量化数据,关键思路和步骤
互联网+	**新营销** 刘春雄　著	新营销的新框架体系是场景是产品逻辑,IP是品牌逻辑,社群是连接逻辑,传播是营销逻辑	助力品牌商实现由传统营销到新营销的理念和行动的跨越,助力企业打赢升级转型之仗
	企业微信营销全指导 孙　巍　著	专门给企业看到的微信营销书,手把手教企业从小白到微信营销专家	企业想学微信营销现在还不晚,两眼一抹黑也不怕,有这本书就够
	企业网络营销这样做才对:B2B　大宗B2C 张　进　著	简单直白拿来就用,各种窍门信手拈来,企业网络营销不麻烦也不用再头疼,一般人不告诉他	B2B、大宗B2C企业有福了,看了就能学会网络营销

续表

互联网+			
	书名．作者	内容/特色	读者价值
互联网+	**互联网时代的银行转型** 韩友诚　著	以大量案例形式为读者全面展示和分析了银行的互联网金融转型应对之道	结合本土银行转型发展案例的书籍
	正在发生的转型升级·实践 本土管理实践与创新论坛　著	企业在快速变革期所展现出的管理变革新成果、新方法、新案例	重点突出对于未来企业管理相关领域的趋势研判
	触发需求：互联网新营销样本·水产 何足奇　著	传统产业都在苦闷中挣扎前行，本书通过鲜活的案例告诉你如何以需求链整合供应链，从而把大家熟知的传统行业打碎了重构、重做一遍	全是干货，值得细读学习，并且作者的理论已经经过了他亲自操刀的实践检验，效果惊人，就在书中全景展示
	移动互联新玩法：未来商业的格局和趋势 史贤龙　著	传统商业、电商、移动互联，三个世界并存，这种新格局的玩法一定要懂	看清热点的本质，把握行业先机，一本书搞定移动互联网
	微商生意经：真实再现33个成功案例操作全程 伏泓霖　罗晓慧　著	本书为33个真实案例，分享案例主人公在做微商过程中的经验教训	案例真实，有借鉴意义
	阿里巴巴实战运营——14招玩转诚信通 聂志新　著	本书主要介绍阿里巴巴诚信通的十四个基本推广操作，从而帮助使用诚信通的用户及企业更好地提升业绩	基本操作，很多可以边学边用，简单易学
	互联网精准营销：创造爆发式的商业价值 蒋　军　著	怎么在互联网时代整体策划、包装品牌和产品，并在此基础上为企业设计商业模式，技术实现并运营落地	为有基础的小微企业（大企业的新项目）1年实现销售额过亿，2年对接资本，3年左右准IPO
	今后这样做品牌：移动互联时代的品牌营销策略 蒋　军　著	与移动互联紧密结合，告诉你老方法还能不能用，新方法怎么用	今后这样做品牌就对了
	互联网+“变”与“不变”：本土管理实践与创新论坛集萃·2016 本土管理实践与创新论坛　著	本土管理领域正在产生自己独特的理论和模式，尤其在移动互联时代，有很多新课题需要本土专家们一起研究	帮助读者拓宽眼界、突破思维
	创造增量市场：传统企业互联网转型之道 刘红明　著	传统企业需要用互联网思维去创造增量，而不是用电子商务去转移传统业务的存量	教你怎么在“互联网+”的海洋中创造实实在在的增量
	重生战略：移动互联网和大数据时代的转型法则 沈　拓　著	在移动互联网和大数据时代，传统企业转型如同生命体打算与再造，称之为“重生战略”	帮助企业认清移动互联网环境下的变化和应对之道
	画出公司的互联网进化路线图：用互联网思维重塑产品、客户和价值 李　蓓　著	18个问题帮助企业一步步梳理出互联网转型思路	思路清晰、案例丰富，非常有启发性
	7个转变，让公司3年胜出 李　蓓　著	消费者主权时代，企业该怎么办	这就是互联网思维，老板有能这样想，肯定倒不了
	跳出同质思维，从跟随到领先 郭　剑　著	66个精彩案例剖析，帮助老板突破行业长期思维惯性	做企业竟然有这么多玩法，开眼界

续表

行业类:零售、白酒、食品/快消品、农业、医药、建材家居等			
	书名．作者	内容/特色	读者价值
零售·超市·餐饮·服装	**总部有多强大,门店就能走多远** IBMG 国际商业管理集团　著	如何把总部做强,成为门店的坚实后盾	了解总部建设的方法与经验
	超市卖场定价策略与品类管理 IBMG 国际商业管理集团　著	超市定价策略与品类管理实操案例和方法	拿来就能用的理论和工具
	连锁零售企业招聘与培训破解之道 IBMG 国际商业管理集团　著	围绕零售企业组织架构、培训体系建设等内容进行深刻探讨	破解人才发现和培养瓶颈的关键点
	中国首家未来超市:解密安徽乐城 IBMG 国际商业管理集团　著	介绍了乐城作为中国首家未来超市从无到有的传奇经历	了解新型零售超市的运作方式及管理特色
	三四线城市超市如何快速成长:解密甘雨亭 IBMG 国际商业管理集团　著	揭秘一家三四线连锁超市的经验策略	不但可以欣赏它的优点,而且可以学会它成功的方法
	涨价也能卖到翻 村松达夫　【日】	提升客单价的 15 种实用、有效的方法	日本企业在这方面非常值得学习和借鉴
	移动互联下的超市升级 联商网专栏频道　著	深度解析超市转型升级重点	帮助零售企业把握全局、看清方向
	手把手教你做专业督导:专卖店、连锁店 熊亚柱　著	从督导的职能、作用,在工作中需要的专业技能、方法,都提供了详细的解读和训练办法,同时附有大量的表单工具	无论是店铺需要统一培训,还是个人想成为优秀的督导,有这一本就够了
	百货零售全渠道营销策略 陈继展　著	没有照本宣科、说教式的絮叨,只有笔者对行业的认知与理解,庖丁解牛式的逐项解析、展开	通俗易懂,花极少的时间快速掌握该领域的知识及趋势
	零售:把客流变成购买力 丁　昀　著	如何通过不断升级产品和体验式服务来经营客流	如何进行体验营销,国外的好经营,这方面有启发
	餐饮企业经营策略第一书 吴　坚　著	分别从产品、顾客、市场、盈利模式等几个方面,对现阶段餐饮企业的发展提出策略和思路	第一本专业的、高端的餐饮企业经营指导书
	电影院的下一个黄金十年:开发·差异化·案例 李保煜　著	对目前电影院市场存大的问题及如何解决进行了探讨与解读	多角度了解电影院运营方式及代表性案例
	赚不赚钱靠店长:从懂管理到会经营 孙彩军　著	通过生动的案例来进行剖析,注重门店管理细节方面的能力提升	帮助终端门店店长在管理门店的过程中实现经营思路的拓展与突破
耐消品	**商用车经销商运营实战** 杜建君　王朝阳　章晓青　等著	从管理到经营,从销售到服务,系统化运作全指导	为经销商经营开阔思路,掌握方法
	汽车配件这样卖:汽车后市场销售秘诀 100 条 俞士耀　著	汽配销售业务员必读,手把手教授最实用的方法,轻松得来好业绩	快速上岗,专业实效,业绩无忧
	跟行业老手学经销商开发与管理:家电、耐消品、建材家居 黄润霖　著	全部来源于经销商管理的一线问题,作者用丰富的经验将每一个问题落实到最便捷快速的操作方法上去	书中每一个问题都是普通营销人亲口提出的,这些问题你也会遇到,作者进行的解答则精彩实用

续表

白酒	酒水饮料快消品餐饮渠道营销手册 朱伟杰　著	主要针对快消品(酒水、饮料)的餐饮渠道,提供了区域、商圈、不同业态的规划和促销安排等多种工具,并提出了经销商、批发商等相关人员的管理方法	一本酒水饮料如何在餐饮渠道销售的全能手册,内容深入翔实,可以直接照搬套用,这样的便利简直千金不换
	白酒到底如何卖 赵海永　著	以市场实战为主,多层次、全方位、多角度地阐释了白酒一线市场操作的最新模式和方法,接地气	实操性强,37 个方法、6 大案例帮你成功卖酒
	变局下的白酒企业重构 杨永华　著	帮助白酒企业从产业视角看清趋势,找准位置,实现弯道超车的书	行业内企业要减少 90%,自己在什么位置,怎么做,都清楚了
	1. 白酒营销的第一本书(升级版) 2. 白酒经销商的第一本书 唐江华　著	华泽集团湖南开口笑公司品牌部长,擅长酒类新品推广、新市场拓展	扎根一线,实战
	区域型白酒企业营销必胜法则 朱志明　著	为区域型白酒企业提供 35 条必胜法则,在竞争中赢销的葵花宝典	丰富的一线经验和深厚积累,实操实用
	10 步成功运作白酒区域市场 朱志明　著	白酒区域操盘者必备,掌握区域市场运作的战略、战术、兵法	在区域市场的攻伐防守中运筹帷幄,立于不败之地
	酒业转型大时代:微酒精选 2014－2015 微酒　主编	本书分为五个部分:当年大事件、那些酒业营销工具、微酒独立策划、业内大调查和十大经典案例	了解行业新动态、新观点,学习营销方法
快消品·食品	中国快消品营销的这些年 史贤龙　著	作者精华文章的合集,一本书浓缩了过去十五年,中国营销的实战历程与前沿思考	快消品营销行业的案例和方法都原汁原味呈现,在反映当时风貌的同时,展望与反思
	营销中国茶:2 小时读懂茶叶营销 史贤龙　著	从不同视角对中国的茶营销进行了思考,内容涉及中国茶产业战略困境、茶企规模化、茶品牌崛起、茶文化、茶营销、茶消费、茶零售、茶道等	内容丰富扎实,文字流畅,浓缩的都是精华,让你 2 小时读懂茶叶营销
	这样打造快消品标杆市场 罗宏文　著	帮助你解决如何成功打造标杆市场和进行持续增量管理两大问题	一套系统的方法论,通俗易懂,可以直接套用
	5 小时读懂快消品营销:中国快消品案例观察 陈海超　著	多年营销经验的一线老手把案例掰开了、揉碎了,从中得出的各种手段和方法给读者以帮助和启发	营销那些事儿的个中秘辛,求人还不一定告诉你,这本书里就有
	快消品招商的第一本书:从入门到精通 刘　雷　著	深入浅出,不说废话,有工具方法,通俗易懂	让零基础的招商新人快速学习书中最实用的招商技能,成长为骨干人才
	乳业营销第一书 侯军伟　著	对区域乳品企业生存发展关键性问题的梳理	唯一的区域乳业营销书,区域乳品企业一定要看
	食用油营销第一书 余　盛　著	10 多年油脂企业工作经验,从行业到具体实操	食用油行业第一书,当之无愧
	中国茶叶营销第一书 柏　龑　著	如何跳出茶行业“大文化小产业”的困境,作者给出了自己的观察和思考	不是传统做茶的思路,而是现在商业做茶的思路
	调味品营销第一书 陈小龙　著	国内唯一一本调味品营销的书	唯一的调味品营销的书,调味品的从业者一定要看
	快消品营销人的第一本书:从入门到精通 刘　雷　伯建新　著	快消行业必读书,从入门到专业	深入细致,易学易懂
	变局下的快消品营销实战策略 杨永华　著	通胀了,成本增加,如何从被动应战变成主动的“系统战”	作者对快消品行业非常熟悉、非常实战

续表

快消品·食品	**快消品经销商如何快速做大** 杨永华　著	本书完全从实战的角度,评述现象,解析误区,揭示原理,传授方法	为转型期的经销商提供了解决思路,指出了发展方向
	一位销售经理的工作心得 蒋　军　著	一线营销管理人员想提升业绩却无从下手时,可以看看这本书	一线的真实感悟
	快消品营销:一位销售经理的工作心得2 蒋　军　著	快消品、食品饮料营销的经验之谈,重点图书	来源与实战的精华总结
	快消品营销与渠道管理 谭长春　著	将快消品标杆企业渠道管理的经验和方法分享出来	可口可乐、华润的一些具体的渠道管理经验,实战
	成为优秀的快消品区域经理(升级版) 伯建新　著	用"怎么办"分析区域经理的工作关键点,增加30%全新内容,更贴近环境变化	可以作为区域经理的"速成催化器"
	销售轨迹:一位快消品营销总监的拼搏之路 秦国伟　著	本书讲述了一个普通销售员打拼成为跨国企业营销总监的真实奋斗历程	激励人心,给广大销售员以力量和鼓舞
	快消老手都在这样做:区域经理操盘锦囊 方　刚　著	非常接地气,全是多年沉淀下来的干货,丰富的一线经验和实操方法不可多得	在市场摸爬滚打的"老油条",那些独家绝招妙招一般你问都是问不来的
	动销四维:全程辅导与新品上市 高继中　著	从产品、渠道、促销和新品上市详细讲解提高动销的具体方法,总结作者18年的快消品行业经验,方法实操	内容全面系统,方法实操
农业	**新农资如何换道超车** 刘祖轲　等著	从农业产业化、互联网转型、行业营销与经营突破四个方面阐述如何让农资企业占领先机、提前布局	南方略专家告诉你如何应对资源浪费、生产效率低下、产能严重过剩、价格与价值严重扭曲等
	中国牧场管理实战:畜牧业、乳业必读 黄剑黎　著	本书不仅提供了来自一线的实际经验,还收入了丰富的工具文档与表单	填补空白的行业必读作品
	中小农业企业品牌战法 韩　旭　著	将中小农业企业品牌建设的方法,从理论讲到实践,具有指导性	全面把握品牌规划,传播推广,落地执行的具体措施
	农资营销实战全指导 张　博　著	农资如何向"深度营销"转型,从理论到实践进行系统剖析,经验资深	朴实、使用!不可多得的农资营销实战指导
	农产品营销第一书 胡浪球　著	从农业企业战略到市场开拓、营销、品牌、模式等	来源于实践中的思考,有启发
	变局下的农牧企业9大成长策略 彭志雄　著	食品安全、纵向延伸、横向联合、品牌建设……	唯一的农牧企业经营实操的书,农牧企业一定要看
医药	**在中国,医药营销这样做:时代方略精选文集** 段继东　主编	专注于医药营销咨询15年,将医药营销方法的精华文章合编,深入全面	可谓医药营销领域的顶尖著作,医药界读者的必读书
	医药新营销:制药企业、医药商业企业营销模式转型 史立臣　著	医药生产企业和商业企业在新环境下如何做营销?老方法还有没有用?如何寻找新方法?新方法怎么用?本书给你答案	内容非常现实接地气,踏实谈问题说方法
	医药企业转型升级战略 史立臣　著	药企转型升级有5大途径,并给出落地步骤及风险控制方法	实操性强,有作者个人经验总结及分析
	新医改下的医药营销与团队管理 史立臣　著	探讨新医改对医药行业的系列影响和医药团队管理	帮助理清思路,有一个框架
	医药营销与处方药学术推广 马宝琳　著	如何用医学策划把"平民产品"变成"明星产品"	有真货、讲真话的作者,堪称处方药营销的经典!
	医药行业大洗牌与药企创新 林延君　沈　斌　著	一方面,围绕着变革,多角度阐述药企的应对之道;另一方面,紧扣实践,介绍近百家医药企业创新实践案例	医改变革10年,医药企业如何应对大洗牌?重磅出击的药企人必读书
	新医改了,药店就要这样开 尚　锋　著	药店经营、管理、营销全攻略	有很强的实战性和可操作性

续表

医药	**电商来了,实体药店如何突围** 尚　锋　著	电商崛起,药店该如何突围?本书从促销、会员服务、专业性、客单价等多重角度给出了指导方向	实战攻略,拿来就能用
	OTC 医药代表药店销售 36 计 鄢圣安　著	以《三十六计》为线,写 OTC 医药代表向药店销售的一些技巧与策略	案例丰富,生动真实,实操性强
	OTC 医药代表药店开发与维护 鄢圣安　著	要做到一名专业的医药代表,需要做什么、准备什么、知识储备、操作技巧等	医药代表药店拜访的指导手册,手把手教你快速上手
	引爆药店成交率 1:店员导购实战 范月明　著	一本书解决药店导购所有难题	情景化、真实化、实战化
	引爆药店成交率 2:经营落地实战 范月明　著	最接地气的经营方法全指导	揭示了药店经营的几类关键问题
	引爆药店成交率:专业化销售解决方案 范月明　著	药品搭配分析与关联销售	为药店人专业化助力
	处方药零售这样做 田　军　著	阐述了处方药零售的重要性,以及做处方药零售市场的具体措施和方法	系统性了解和掌握处方药零售方法
建材家居	**成为最赚钱的家具建材经销商** 李治江　著	从销售模式、产品、门店等老板们最关注和最需要的方面解决问题、提供方法	只要你是建材、家具、家居用品的经销商老板,这就是一本必读的书
	家具行业操盘手 王献永　著	家具行业问题的终结者	解决了干家具还有没有前途?为什么同城多店的家具经销商很难做大做强等问题
	建材家居营销:除了促销还能做什么 孙嘉晖　著	一线老手的深度思考,告诉你在建材家居营销模式基本停滞的今天,除了促销,营销还能怎么做	给你的想法一场革命
	建材家居营销实务 程绍珊　杨鸿贵　主编	价值营销运用到建材家居,每一步都让客户增值	有自己的系统、实战
	家居建材门店 6 力爆破 贾同领　著	合盘道出一线品牌销量秘籍	6 力找找见血,既有招数,又有策略
	建材家居门店销量提升 贾同领　著	店面选址、广告投放、推广助销、空间布局、生动展示、店面运营等	门店销量提升是一个系统工程,非常系统、实战
	10 步成为最棒的建材家居门店店长 徐伟泽　著	实际方法易学易用,让员工能够迅速成长,成为独当一面的好店长	只要坚持这样干,一定能成为好店长
	手把手帮建材家居导购业绩倍增:成为顶尖的门店店员 熊亚柱　著	生动的表现形式,让普通人也能成为优秀的导购员,让门店业绩长红	读着有趣,用着简单,一本在手、业绩无忧
	建材家居经销商实战 42 章经 王庆云　著	告诉经销商:老板怎么当、团队怎么带、生意怎么做	忠言逆耳,看着不舒服就对了,实战总结,用一招半式就值了
工业品	**销售是门专业活:B2B 、工业品** 陆和平　著	销售流程就应该跟着客户的采购流程和关注点的变化向前推进,将一个完整的销售过程分成十个阶段,提供具体方法	销售不是请客吃饭拉关系,是个专业的活计!方法在手,走遍天下不愁
	解决方案营销实战案例 刘祖轲　著	用 10 个真案例讲明白什么是工业品的解决方案式营销,实战、实用	有干货、真正操作过的才能写得出来
	变局下的工业品企业 7 大机遇 叶敦明　著	产业链条的整合机会、盈利模式的复制机会、营销红利的机会、工业服务商转型机会……	工业品企业还可以这样做,思维大突破
	工业品市场部实战全指导 杜　忠　著	工业品市场部经理工作内容全指导	系统、全面、有理论、有方法,帮助工业品市场部经理更快提升专业能力

续表

工业品	**工业品营销管理实务** 李洪道　著	中国特色工业品营销体系的全面深化、工业品营销管理体系优化升级	工具更实战，案例更鲜活，内容更深化
	工业品企业如何做品牌 张东利　著	为工业品企业提供最全面的品牌建设思路	有策略、有方法、有思路、有工具
	丁兴良讲工业 4.0 丁兴良　著	没有枯燥的理论和说教，用朴实直白的语言告诉你工业 4.0 的全貌	工业 4.0 是什么？本书告诉你答案
	资深大客户经理：策略准，执行狠 叶敦明　著	从业务开发、发起攻势、关系培育、职业成长四个方面，详述了大客户营销的精髓	满满的全是干货
	一切为了订单：订单驱动下的工业品营销实战 唐道明　著	其实，所有的企业都在围绕着两个字在开展全部的经营和管理工作，那就是"订单"	开发订单、满足订单、扩大订单。本书全是实操方法，字字珠玑、句句干货，教你获得营销的胜利
金融	**交易心理分析** (美)马克·道格拉斯　著 刘真如　译	作者一语道破赢家的思考方式，并提供了具体的训练方法	不愧是投资心理的第一书，绝对经典
	精品银行管理之道 崔海鹏　何　屹　主编	中小银行转型的实战经验总结	中小银行的教材很多，实战类的书很少，可以看看
	支付战争 Eric M. Jackson　著 徐　彬　王　晓　译	PayPal 创业期营销官，亲身讲述 PayPal 从诞生到壮大到成功出售的整个历史	激烈、有趣的内幕商战故事！了解美国支付市场的风云巨变
	中外并购名著专业阅读指南 叶兴平　等著	在 5000 多本并购类图书中精选的 200 著作，在阅读的基础上写的读书评价	精挑细选 200 本并一一评介，省去读者挑选的烦恼，快捷、高效
	互联网时代的银行转型 韩友诚　著	以大量案例形式为读者全面展示和分析了银行的互联网金融转型应对之道	结合本土银行转型发展案例的书籍
房地产	**产业园区/产业地产规划、招商、运营实战** 阎立忠　著	目前中国第一本系统解读产业园区和产业地产建设运营的实战宝典	从认知、策划、招商到运营全面了解地产策划
	人文商业地产策划 戴欣明　著	城市与商业地产战略定位的关键是不可复制性，要发现独一无二的"味道"	突破千城一面的策划困局
	电影院的下一个黄金十年：开发·差异化·案例 李保煜　著	对目前电影院市场存大的问题及如何解决进行了探讨与解读	多角度了解电影院运营方式及代表性案例
能源	**全能型班组：城市能源互联网与电力班组升级** 国网天津市电力公司　编著	借鉴国内外优秀企业的转型升级思路，通过对于新型班组组织模式和运行机制的大胆设想，力图构建充分适应内外环境变化的全能型班组	看看庞大的国企在新环境下是如何顺应时代的
	国网天津电力全能型班组建设实务 国网天津市电力公司　编著	本书聚焦于天津电力公司在探索全能型班组转型升级时的优秀实践	电力行业的班组实践，具体、可操作性强
经营类：企业如何赚钱，如何抓机会，如何突破，如何"开源"			
	书名．作者	**内容/特色**	读者价值
抓方向	**让经营回归简单．升级版** 宋新宇　著	化繁为简抓住经营本质：战略、客户、产品、员工、成长	经典，做企业就这几个关键点！
	混沌与秩序Ⅰ：变革时代企业领先之道 **混沌与秩序Ⅱ：变革时代管理新思维** 彭剑锋　尚艳玲　主编	汇集华夏基石专家团队 10 年来研究成果，集中选择了其中的精华文章编纂成册	作者都是既有深厚理论积淀又有实践经验的重磅专家，为中国企业和企业家的未来提出了高屋建瓴的观点
	活系统：跟任正非学当老板 孙行健　尹　贤　著	以任正非的独到视角，教企业老板如何经营公司	看透公司经营本质，激活企业活力

续表

抓方向	**重构:快消品企业重生之道** 杨永华　著	从7个角度,帮助企业实现系统性的改造	提供转型思想与方法,值得参考
	公司由小到大要过哪些坎 卢　强　著	老板手里的一张“企业成长路线图”	现在我在哪儿,未来还要走哪些路,都清楚了
	企业二次创业成功路线图 夏惊鸣　著	企业曾经抓住机会成功了,但下一步该怎么办?	企业怎样获得第二次成功,心里有个大框架了
	老板经理人双赢之道 陈　明　著	经理人怎养选平台、怎么开局,老板怎样选/育/用/留	老板生闷气,经理人牢骚大,这次知道该怎么办了
	简单思考:AMT咨询创始人自述 孔祥云　著	著名咨询公司(AMT)的CEO创业历程中点点滴滴的经验与思考	每一位咨询人,每一位创业者和管理经营者,都值得一读
	企业文化的逻辑 王祥伍　黄健江　著	为什么企业绩效如此不同,解开绩效背后的文化密码	少有的深刻,有品质,读起来很流畅
	使命驱动企业成长 高可为　著	钱能让一个人今天努力,使命能让一群人长期努力	对于想做事业的人,‘使命’是绕不过去的
思维突破	**盈利原本就这么简单** 高可为　著	从财务的角度揭示企业盈利的秘密	多方面解读商业模式与盈利的关系,通俗易懂,受益匪浅
	移动互联新玩法:未来商业的格局和趋势 史贤龙　著	传统商业、电商、移动互联,三个世界并存,这种新格局的玩法一定要懂	看清热点的本质,把握行业先机,一本书搞定移动互联网
	画出公司的互联网进化路线图:用互联网思维重塑产品、客户和价值 李　蓓　著	18个问题帮助企业一步步梳理出互联网转型思路	思路清晰、案例丰富,非常有启发性
	重生战略:移动互联网和大数据时代的转型法则 沈　拓　著	在移动互联网和大数据时代,传统企业转型如同生命体打算与再造,称之为“重生战略”	帮助企业认清移动互联网环境下的变化和应对之道
	创造增量市场:传统企业互联网转型之道 刘红明　著	传统企业需要用互联网思维去创造增量,而不是用电子商务去转移传统业务的存量	教你怎么在“互联网+”的海洋中创造实实在在的增量
	7个转变,让公司3年胜出 李　蓓　著	消费者主权时代,企业该怎么办	这就是互联网思维,老板有能这样想,肯定倒不了
	跳出同质思维,从跟随到领先 郭　剑　著	66个精彩案例剖析,帮助老板突破行业长期思维惯性	做企业竟然有这么多玩法,开眼界
	麻烦就是需求　难题就是商机 卢根鑫　著	如何借助客户的眼睛发现商机	什么是真商机,怎么判断、怎么抓,有借鉴
	互联网+“变”与“不变”:本土管理实践与创新论坛集萃·2016 本土管理实践与创新论坛　著	加速本土管理思想的孕育诞生,促进本土管理创新成果更好地服务企业、贡献社会	各个作者本年度最新思想,帮助读者拓宽眼界、突破思维
	消费升级:实践　研究(文集) 本土管理实践与创新论坛　著	38位管理专家及7位学者的精华思想,从经营、管理、行业及思想研究四个方面阐述中国企业在消费升级下的实践与研究	思想启发,行业借鉴
财务	**写给企业家的公司与家庭财务规划——从创业成功到富足退休** 周荣辉　著	本书以企业的发展周期为主线,写各阶段企业与企业主家庭的财务规划	为读者处理人生各阶段企业与家庭的财务问题提供建议及方法,让家庭成员真正享受财富带来的益处
	互联网时代的成本观 程　翔　著	本书结合互联网时代提出了成本的多维观,揭示了多维组合成本的互联网精神和大数据特征,论述了其产生背景、实现思路和应用价值	在传统成本观下为盈利的业务,在新环境下也许就成为亏损业务。帮助管理者从新的角度来看待成本,进一步做好精益管理

续表

财务	财报背后的投资机会 蒋　豹　著	以具体的公司案例分析，教你迅速看出财务报表与企业经营的关系、所反映的企业经营现状，从而找到投资机会	前四大会计所员工为读者解密财报，发现投资机会

管理类：效率如何提升，如何实现经营目标，如何"节流"

	书名．作者	内容/特色	读者价值
通用管理	让管理回归简单・升级版 宋新宇　著	从目标、组织、决策、授权、人才和老板自己层面教你怎样做管理	帮助管理抓住管理的要害，让管理变得简单
	让经营回归简单・升级版 宋新宇　著	从战略、客户、产品、员工、成长、经营者自身等七个方面，归纳总结出简单有效的经营法则	总结出的真正优秀企业的成功之道：简单
	让用人回归简单 宋新宇　著	从用人的原则、用人的难题与误区、用人的方法和用人者的修炼四大方面，总结出适合中小企业做好人才管理工作的法则	帮助管理者抓住用人的要害，让用人变得简单
	历史深处的管理智慧1：组织建设与用人之道 刘文瑞　著	对历史之典故、政事、人事、政制进行管理解析，鉴照企业人才的选用育留	推动理论与实践的对接，实现理性与情感的渗透，用中国话语说明管理智慧
	历史深处的管理智慧2：战略决策与经营运作 刘文瑞 著	对历史之典故、政事、人事、政制进行管理解析，鉴照企业战略设计与经营实践	推动理论与实践的对接，实现理性与情感的渗透，用中国话语说明管理智慧
	历史深处的管理智慧3：领导修炼与文化素养 刘文瑞　著	对历史之典故、政事、人事、政制进行管理解析，鉴照企业领导职业能力提升与文化修养	推动理论与实践的对接，实现理性与情感的渗透，用中国话语说明管理智慧
	管理的尺度 刘文瑞　著	对管理中的种种普遍性问题进行了批评	提高把握管理尺度的能力
	管理学在中国 刘文瑞　著	系统性介绍了管理学在中国的发展和演变	了解管理学在中国的发展脉络，更清晰理解管理学的本质
	看电影，懂管理 刘文瑞　著	16部经典电影，带你感悟管理智慧	能够帮助读者放松身心，驰骋想象，在不知不觉中增长智慧
	管理：以规则驾驭人性 王春强　著	详细解读企业规则的制定方法	从人与人博弈角度提升管理的有效性
	员工心理学超级漫画版 邢　雷　著	以漫画的形式深度剖析员工心理	帮助管理者更了解员工，从而更轻松地管理员工
	老板有想法，高层有干法：企业中的将帅之道 王清华　著	深入剖析老板与高管的异同	各司其职，各行其是，相辅相成
	分股合心：股权激励这样做 段磊　周剑　著	通过丰富的案例，详细介绍了股权激励的知识和实行方法	内容丰富全面、易读易懂，了解股权激励，有这一本就够了
	边干边学做老板 黄中强　著	创业20多年的老板，有经验、能写、又愿意分享，这样的书很少	处处共鸣，帮助中小企业老板少走弯路
	成为敏感而体贴的公司 王　涛　著	本书为作者对企业的观察和冥想的随笔记录。从生活中的一个现象入手，进而探索现象背后的本质	从全新角度认识公司
	中国企业的觉醒：正直 善良 成长 王　涛　著	围绕着企业人如何发生转化展开，对中国人、中国文化及由此导致的企业现状的观察和思考	企业除了要利润，还需要道德
	有意识的思考：轻松化解问题的7个思考习惯 王　涛　著	本书是对思想、思考过程、思考方式进行的细致观察	养成好的思考习惯，更深刻地看问题
	中国式阿米巴落地实践之从交付到交易 胡八一　著	本书主要讲述阿米巴经营会计，"从交付到交易"，这是成功实施了阿米巴的标志	阿米巴经营会计的工作是有逻辑关联的，一本书就能搞定

续表

通用管理	**中国式阿米巴落地实践之激活组织** 胡八一　著	重点讲解如何科学划分阿米巴单元，阐述划分的实操要领、思路、方法、技术与工具	最大限度减少"推行风险"和"摸索成本"，利于公司成功搭建适合自身的个性化阿米巴经营体系
	中国式阿米巴落地实践之持续盈利 胡八一　著	把企业做成平台，企业才能做大（格局）；把平台做成阿米巴，企业才能做强（专业）；把阿米巴做成合伙制，企业才能做久（机制）	中国式阿米巴落地实践三部曲的最后一部，告诉你企业如何做大做强做久
	集团化企业阿米巴实战案例 初勇钢　著	一家集团化企业阿米巴实施案例	指导集团化企业系统实施阿米巴
	阿米巴经营的中国模式 李志华　著	让员工从"要我干"到"我要干"，价值量化出来	阿米巴在企业如何落地，明白思路了
	欧博心法：好管理靠修行 曾　伟　著	用佛家的智慧，深刻剖析管理问题，见解独到	如果真的有'中国式管理'，曾老师是其中标志性人物
	领导这样点燃你的下属 孟广桥　著	领导者如何才能让员工积极主动地工作？如何让你的员工和下属保持工作的热情，自动自发？看了这本书就知道	只要你希望手下的"兵将"永远充满工作的斗志，这本书将使你获益良多
流程管理	**1. 用流程解放管理者** **2. 用流程解放管理者2** 张国祥　著	中小企业阅读的流程管理、企业规范化的书	通俗易懂，理论和实践的结合恰到好处
	跟我们学建流程体系 陈立云　著	畅销书《跟我们学做流程管理》系列，更实操，更细致，更深入	更多地分享实践，分享感悟，从实践总结出来的方法论
	人人都要懂流程 金国华　余雅丽　著	当前各企业流程管理方面最为典型的痛点现象及问题案例	通俗易懂，适合企业全员阅读
质量管理	IATF16949 **质量管理体系详解与案例文件汇编：**TS16949 **转版** IATF16949：2016 谭洪华　著	针对 IATF 的新标准做了详细的解说，同时指出了一些推行中容易犯的错误，提供了大量的表单、案例	案例、表单丰富，拿来就用
	五大质量工具详解及运用案例：APQP/FMEA/PPAP/MSA/SPC 谭洪华　著	对制造业必备的五大质量工具中每个文件的制作要求、注意事项、制作流程、成功案例等进行了解读	通俗易懂、简便易行，能真正实现学以致用
	ISO9001：2015 新版质量管理体系详解与案例文件汇编 谭洪华　著	紧密围绕 2015 年新版质量管理体系文件逐条详细解读，并提供可以直接套用的案例工具，易学易上手	企业质量管理认证、内审必备
	ISO14001：2015 新版环境管理体系详解与案例文件汇编 谭洪华　著	紧密围绕 2015 年新版环境管理体系文件逐条详细解读，并提供可以直接套用的案例工具，易学易上手	企业环境管理认证、内审必备
	SA8000：2014 社会责任管理体系认证实战 吕　林　著	作者根据自己的操作经验，按认证的流程，以相关案例进行说明 SA8000 认证体系	简单，实操性强，拿来就能用
	精益质量管理实战工具 贺小林　著	制造类企业日常工作中所需要的精益管理工具的归纳整理，并进行案例操作的细致分析	可以直接参考，实际解决生产中的具体问题
战略落地	**重生——中国企业的战略转型** 施　炜　著	从前瞻和适用的角度，对中国企业战略转型的方向、路径及策略性举措提出了一些概要性的建议和意见	对企业有战略指导意义
	公司大了怎么管：从靠英雄到靠组织 AMT 金国华　著	第一次详尽阐释中国快速成长型企业的特点、问题及解决之道	帮助快速成长型企业领导及管理团队理清思路，突破瓶颈

续表

战略落地	**低效会议怎么改:每年节省一半会议成本的秘密** AMT 王玉荣　著	教你如何系统规划公司的各级会议,一本工具书	教会你科学管理会议的办法
	年初订计划,年尾有结果:战略落地七步成诗 AMT 郭晓　著	7 个步骤教会你怎么让公司制定的战略转变为行动	系统规划,有效指导计划实现
人力资源	**HRBP 是这样炼成的之“菜鸟起飞”** 新　海　著	以小说的形式,具体解析 HRBP 的职责,应该如何操作,如何为业务服务	实践者的经验分享,内容实务具体,形式有趣
	HRBP 是这样炼成的之中级修炼 新　海　著	本书以案例故事的方式,介绍了 HRBP 在实际工作中碰到的问题和挑战	书中的 HR 解决方案讲究因时因地制宜、简单有效的原则,重在启发读者思路,可供各类企业 HRBP 借鉴
	HRBP 是这样炼成的之高级修炼 新　海　著	以故事的形式,展现了 HRBP 工作者在职业发展路上的层层深入和递进	为读者提供 HRBP 在实际工作中遇到种种问题的解决方案
	把面试做到极致:首席面试官的人才甄选法 孟广桥　著	作者用自己几十年的人力资源经验总结出的一套实用的确定岗位招聘标准、提升面试官技能素质的简便方法	面试官必备,没有空泛理论,只有巧妙的实操技能
	人力资源体系与 e－HR 信息化建设 刘书生　陈　莹　王美佳　著	将作者经历的人力资源管理变革、人力资源管理信息化咨询项目方法论、工具和成果全面展现给读者,使大家能够将其快速应用到管理实践中	系统性非常强,没有废话,全部是浓缩的干货
	回归本源看绩效 孙　波　著	让绩效回顾“改进工具”的本源,真正为企业所用	确实是来源于实践的思考,有共鸣
	世界 500 强资深培训经理人教你做培训管理 陈　锐　著	从 7 大角度具体细致地讲解了培训管理的核心内容	专业、实用、接地气
	曹子祥教你做激励性薪酬设计 曹子祥　著	以激励性为指导,系统性地介绍了薪酬体系及关键岗位的薪酬设计模式	深入浅出,一本书学会薪酬设计
	曹子祥教你做绩效管理 曹子祥　著	复杂的理论通俗化,专业的知识简单化,企业绩效管理共性问题的解决方案	轻松掌握绩效管理
	把招聘做到极致 远　鸣　著	作为世界 500 强高级招聘经理,作者数十年招聘经验的总结分享	带来职场思考境界的提升和具体招聘方法的学习
	人才评价中心．超级漫画版 邢　雷　著	专业的主题,漫画的形式,只此一本	没想到一本专业的书,能写成这效果
	走出薪酬管理误区 全怀周　著	剖析薪酬管理的 8 大误区,真正发挥好枢纽作用	值得企业深读的实用教案
	集团化人力资源管理实践 李小勇　著	对搭建集团化的企业很有帮助,务实,实用	最大的亮点不是理论,而是结合实际的深入剖析
	我的人力资源咨询笔记 张　伟　著	管理咨询师的视角,思考企业的 HR 管理	通过咨询师的眼睛对比很多企业,有启发
	本土化人力资源管理 8 大思维 周　剑　著	成熟 HR 理论,在本土中小企业实践中的探索和思考	对企业的现实困境有真切体会,有启发

续表

企业文化	**36 个拿来就用的企业文化建设工具** 海融心胜　主编	数十个工具，为了方便拿来就用，每一个工具都严格按照工具属性、操作方法、案例解读划分，实用、好用	企业文化工作者的案头必备书，方法都在里面，简单易操作
	企业文化建设超级漫画版 邢　雷　著	以漫画的形式系统教你企业文化建设方法	轻松易懂好操作
	华夏基石方法：企业文化落地本土实践 王祥伍　谭俊峰　著	十年积累、原创方法、一线资料，和盘托出	在文化落地方面真正有洞察，有实操价值的书
	企业文化的逻辑 王祥伍　著	为什么企业之间如此不同，解开绩效背后的文化密码	少有的深刻，有品质，读起来很流畅
	企业文化激活沟通 宋杼宸　安　琪　著	透过新任 HR 总经理的眼睛，揭示出沟通与企业文化的关系	有实际指导作用的文化落地读本
	在组织中绽放自我：从专业化到职业化 朱仁健　王祥伍　著	个人如何融入组织，组织如何助力个人成长	帮助企业员工快速认同并投入到组织中去，为企业发展贡献力量
	企业文化定位·落地一本通 王明胤　著	把高深枯燥的专业理论创建成一套系统化、实操化、简单化的企业文化缔造方法	对企业文化不了解，不会做？有这一本从概念到实操，就够了
生产管理	**精益思维：中国精益如何落地** 刘承元　著	笔者二十余年企业经营和咨询管理的经验总结	中国企业需要灵活运用精益思维，推动经营要素与管理机制的有机结合，推动企业管理向前发展
	300 张现场图看懂精益 5S 管理 乐　涛　编著	5S 现场实操详解	案例图解，易懂易学
	高员工流失率下的精益生产 余伟辉　著	中国的精益生产必须面对和解决高员工流失率问题	确实来源于本土的工厂车间，很务实
	车间人员管理那些事儿 岑立聪　著	车间人员管理中处理各种“疑难杂症”的经验和方法	基层车间管理者最闹心、头疼的事，‘打包’解决
	1. 欧博心法：好管理靠修行 **2. 欧博心法：好工厂这样管** 曾　伟　著	他是本土最大的制造业管理咨询机构创始人，他从 400 多个项目、上万家企业实践中锤炼出的欧博心法	中小制造型企业，一定会有很强的共鸣
	欧博工厂案例 1：生产计划管控对话录 **欧博工厂案例 2：品质技术改善对话录** **欧博工厂案例 3：员工执行力提升对话录** 曾　伟　著	最典型的问题、最详尽的解析，工厂管理 9 大问题 27 个经典案例	没想到说得这么细，超出想象，案例很典型，照搬都可以了
	工厂管理实战工具 欧博企管　编著	以传统文化为核心的管理工具	适合中国工厂
	苦中得乐：管理者的第一堂必修课 曾　伟　编著	曾伟与师傅大愿法师的对话，佛学与管理实践的碰撞，管理禅的修行之道	用佛学最高智慧看透管理
	比日本工厂更高效 1：管理提升无极限 刘承元　著	指出制造型企业管理的六大积弊；颠覆流行的错误认知；掌握精益管理的精髓	每一个企业都有自己不同的问题，管理没有一剑封喉的秘笈，要从现场、现物、现实出发
	比日本工厂更高效 2：超强经营力 刘承元　著	企业要获得持续盈利，就要开源和节流，即实现销售最大化，费用最小化	掌握提升工厂效率的全新方法

续表

生产管理	**比日本工厂更高效3:精益改善力的成功实践** 刘承元　著	工厂全面改善系统有其独特的目的取向特征,着眼于企业经营体质(持续竞争力)的建设与提升	用持续改善力来飞速提升工厂的效率,高效率能够带来意想不到的高效益
	3A顾问精益实践1:IE与效率提升 党新民　苏迎斌　蓝旭日　著	系统的阐述了IE技术的来龙去脉以及操作方法	使员工与企业持续获利
	3A顾问精益实践2:JIT与精益改善 肖志军　党新民　著	只在需要的时候,按需要的量,生产所需的产品	提升工厂效率
	手把手教你做专业的生产经理 黄　娜　著	物流、信息流、资金流,让生产经理管理有抓手	从菜鸟到能把控全局
员工素质提升	TTT培训师精进三部曲(上):深度改善现场培训效果 廖信琳　著	现场把控不用慌,这里有妙招一用就灵	课程现场无论遇到什么样的情况都能游刃有余
	TTT培训师精进三部曲(中):构建最有价值的课程内容 廖信琳　著	这样做课程内容,学员有收获培训师也有收获	优质的课程内容是树立个人品牌的保证
	TTT培训师精进三部曲(下):职业功力沉淀与修为提升 廖信琳　著	从内而外提升自己,职业的道路一帆风顺	走上职业TTT内训师的康庄大道
	培训师,如何让你的事业长青:自我管理的10项法则 廖信琳　著	建立了一套完整的培训师自我管理体系,为培训师的职业成长与发展提供有益的指引	培训师如何在自己的职业道路上越走越高,事业长青,一直有所收获与成长?本书将给你答案
	管理咨询师的第一本书:百万年薪 千万身价 熊亚柱　著	从问题出发,发现问题、分析问题、解决问题,让两眼一抹黑的新人快速成长	管理咨询师初入职场,让这本书开启百万年薪之路
	手把手教你做专业督导:专卖店、连锁店 熊亚柱　著	从督导的职能、作用,在工作中需要的专业技能、方法,都提供了详细的解读和训练办法,同时附有大量的表单工具	无论是店铺需要统一培训,还是个人想成为优秀的督导,有这一本就够了
	跟老板"偷师"学创业 吴江萍　余晓雷　著	边学边干,边观察边成长,你也可以当老板	不同于其他类型的创业书,让你在工作中积累创业经验,一举成功
	销售轨迹:一位快消品营销总监的拼搏之路 秦国伟　著	本书讲述了一个普通销售员打拼成为跨国企业营销总监的真实奋斗历程	激励人心,给广大销售员以力量和鼓舞
	在组织中绽放自我:从专业化到职业化 朱仁健　王祥伍　著	个人如何融入组织,组织如何助力个人成长	帮助企业员工快速认同并投入到组织中去,为企业发展贡献力量
	企业员工弟子规:用心做小事,成就大事业 贾同领　著	从传统文化《弟子规》中学习企业中为人处事的办法,从自身做起	点滴小事,修养自身,从自身的改善得到事业的提升
	手把手教你做顶尖企业内训师:TTT培训师宝典 熊亚柱　著	从课程研发到现场把控、个人提升都有涉及,易读易懂,内容丰富全面	想要做企业内训师的员工有福了,本书教你如何抓住关键,从入门到精通
	客诉处理金手指:客户投诉的应对与管理 孟广桥　著	立足于投诉处理的实践,剖析了不同投诉者投诉的特点和应对措施,并提供各种技巧方法、赢得客户信赖所需培养的品质修炼、处理投诉应掌握的法律法规等工具	是投诉处理人员适应岗位职能需要、提升工作技能的良师益友,是企业变诉为金、培养业务骨干的法宝

续表

营销类：把客户需求融入企业各环节，提供“客户认为”有价值的东西			
	书名．作者	内容/特色	读者价值
营销模式	**精品营销战略** 杜建君　著	以精品理念为核心的精益战略和营销策略	用精品思维赢得高端市场
	变局下的营销模式升级 程绍珊　叶　宁　著	客户驱动模式、技术驱动模式、资源驱动模式	很多行业的营销模式被颠覆，调整的思路有了！
	卖轮子 科克斯【美】	小说版的营销学！营销理念巧妙贯穿其中，贵在既有趣，又有深度	经典、有趣！一个故事读懂营销精髓
	动销操盘：节奏掌控与社群时代新战法 朱志明　著	在社群时代把握好产品生产销售的节奏，解析动销的症结，寻找动销的规律与方法	都是易读易懂的干货！对动销方法的全面解析和操盘
	弱势品牌如何做营销 李政权　著	中小企业虽有品牌但没名气，营销照样能做的有声有色	没有丰富的实操经验，写不出这么具体、详实的案例和步骤，很有启发
	老板如何管营销 史贤龙　著	高段位营销 16 招，好学好用	老板能看，营销人也能看
	洞察人性的营销战术：沈坤教你 28 式 沈　坤　著	28 个匪夷所思的营销怪招令人拍案叫绝，涉及商业竞争的方方面面，大部分战术可以直接应用到企业营销中	各种谋略得益于作者的横向思维方式，将其操作过的案例结合其中，提供的战术对读者有参考价值
	动销：产品是如何畅销起来的 吴江萍　余晓雷　著	真真切切告诉你，产品究竟怎么才能卖出去	击中痛点，提供方法，你值得拥有
	1000 铁杆女粉丝 张兵武　著	连接是女性与生俱来的特质。能善用连接的营销人员，就像拿到打开女性荷包的钥匙	重新认识女性的传播力量
	360°谈营销：一位营销咨询师 20 年实战洞察 王清华　古怀亮　著	各个角度，全方位，多视点剥营销	思路单一，此书帮你破
	营销按钮：扣动一触即发的力量 老　苗　著	提供各种奇形怪状的营销武器	一定会带给你不一样的思维震撼
销售	**资深大客户经理：策略准，执行狠** 叶敦明　著	从业务开发、发起攻势、关系培育、职业成长四个方面，详述了大客户营销的精髓	满满的全是干货
	成为资深的销售经理：B2B 、工业品 陆和平　著	围绕“销售管理的六个关键控制点”一一展开，提供销售管理的专业、高效方法	方法和技术接地气，拿来就用，从销售员成长为经理不再犯难
	销售是门专业活：B2B 、工业品 陆和平　著	销售流程就应该跟着客户的采购流程和关注点的变化向前推进，将一个完整的销售过程分成十个阶段，提供具体方法	销售不是请客吃饭拉关系，是个专业的活计！方法在手，走遍天下不愁
	向高层销售：与决策者有效打交道 贺兵一　著	一套完整有效的销售策略	有工具，有方法，有案例，通俗易懂
	卖轮子 科克斯　【美】	小说版的营销学！营销理念巧妙贯穿其中，贵在既有趣，又有深度	经典、有趣！一个故事读懂营销精髓
	学话术　卖产品 张小虎　著	分析常见的顾客异议，将优秀的话术模块化	让普通导购员也能成为销售精英
组织和团队	**升级你的营销组织** 程绍珊　吴越舟　著	用“有机性”的营销组织替代“营销能人”，营销团队变成“铁营盘”	营销队伍最难管，程老师不愧是营销第 1 操盘手，步骤方法都很成熟
	用数字解放营销人 黄润霖　著	通过量化帮助营销人员提高工作效率	作者很用心，很好的常备工具书

续表

组织和团队	**成为优秀的快消品区域经理(升级版)** 伯建新　著	用"怎么办"分析区域经理的工作关键点,增加30%全新内容,更贴近环境变化	可以作为区域经理的"速成催化器"
	成为资深的销售经理:B2B、工业品 陆和平　著	围绕"销售管理的六个关键控制点"一一展开,提供销售管理的专业、高效方法	方法和技术接地气,拿来就用,从销售员成长为经理不再犯难
	一位销售经理的工作心得 蒋　军　著	一线营销管理人员想提升业绩却无从下手时,可以看看这本书	一线的真实感悟
	快消品营销:一位销售经理的工作心得2 蒋　军　著	快消品、食品饮料营销的经验之谈,重点突出	来源于实战的精华总结
	销售轨迹:一位快消品营销总监的拼搏之路 秦国伟　著	本书讲述了一个普通销售员打拼成为跨国企业营销总监的真实奋斗历程	激励人心,给广大销售员以力量和鼓舞
	用营销计划锁定胜局:用数字解放营销人2 黄润霖　著	全方位教你怎么做好营销计划,好学好用真简单	照搬套用就行,做营销计划再也不头痛
	快消品营销人的第一本书:从入门到精通 刘　雷　伯建新　著	快消行业必读书,从入门到专业	深入细致,易学易懂
产品	**产品开发管理方法·流程·工具:从作坊式到规范化** 任彭枞　著	产品研发管理体系全指导	既有工具,又能开拓思路
	新产品开发管理,就用IPD(升级版) 郭富才　著	10年IPD研发管理咨询总结,国内首部IPD专业著作	一本书掌握IPD管理精髓
	这样打造大单品:案例　策略　方法 迪智成咨询团队　著	囊括十三个不同行业、企业的实际案例,从不同角度详细剖析、总结了这些品牌厂家打造大单品的成功经验或者失败教训	厘清大单品打造的策划与路径,得出持续经营的思路与方法
	资深项目经理这样做新产品开发管理 秦海林　著	以IPD为思想,系统讲解新产品开管理的细节	提供管理思路和实用工具
	产品炼金术Ⅰ:如何打造畅销产品 史贤龙　著	满足不同阶段、不同体量、不同行业企业对产品的完整需求	必须具备的思维和方法,避免在产品问题上走弯路
	产品炼金术Ⅱ:如何用产品驱动企业成长 史贤龙　著	做好产品、关注产品的品质,就是企业成功的第一步	必须具备的思维和方法,避免在产品问题上走弯路
品牌	**中小企业如何建品牌** 梁小平　著	中小企业建品牌的入门读本,通俗、易懂	对建品牌有了一个整体框架
	采纳方法:破解本土营销8大难题 朱玉童　编著	全面、系统、案例丰富、图文并茂	希望在品牌营销方面有所突破的人,应该看看
	中国品牌营销十三战法 朱玉童　编著	采纳20年来的品牌策划方法,同时配有大量的案例	众包方式写作,丰富案例给人启发,极具价值
	今后这样做品牌:移动互联时代的品牌营销策略 蒋　军　著	与移动互联紧密结合,告诉你老方法还能不能用,新方法怎么用	今后这样做品牌就对了
	中小企业如何打造区域强势品牌 吴　之　著	帮助区域的中小企业打造自身品牌,如何在强壮自身的基础上往外拓展	梳理误区,系统思考品牌问题,切实符合中小区域品牌的自身特点进行阐述
渠道通路	**深度分销:掌控渠道价值链** 施　炜　著	制造商通过掌控渠道价值链,将管理触角延伸至零售层面及顾客现场,对市场根部精耕细作,从而挖掘需求,构筑区域市场尤其是三四级市场的竞争壁垒	深度分销是中国企业对世界营销的独特贡献。实践证明,互联网时代深度分销仍有生命力
	快消品营销与渠道管理 谭长春　著	将快消品标杆企业渠道管理的经验和方法分享出来	可口可乐、华润的一些具体的渠道管理经验,实战

续表

渠道通路	**传统行业如何用网络拿订单** 张　进　著	给老板看的第一本网络营销书	适合不懂网络技术的经营决策者看
	采纳方法:化解渠道冲突 朱玉童　编著	系统剖析渠道冲突,21个渠道冲突案例、情景式讲解,37篇讲义	系统、全面
	学话术　卖产品 张小虎　著	分析常见的顾客异议,将优秀的话术模块化	让普通导购员也能成为销售精英
	向高层销售:与决策者有效打交道 贺兵一　著	一套完整有效的销售策略	有工具,有方法,有案例,通俗易懂
	通路精耕操作全解:快消品20年实战精华 周　俊　陈小龙　著	通路精耕的详细全解,每一步的具体操作方法和表单全部无保留提供	康师傅二十年的经验和精华,实践证明的最有效方法,教你如何主宰通路

管理者读的文史哲·生活

	书名．作者	内容/特色	读者价值
思想·文化	**德鲁克管理思想解读** 罗　珉　著	用独特视角和研究方法,对德鲁克的管理理论进行了深度解读与剖析	不仅是摘引和粗浅分析,还是作者多年深入研究的成果,非常可贵
	德鲁克与他的论敌们:马斯洛、戴明、彼得斯 罗　珉　著	几位大师之间的论战和思想碰撞令人受益匪浅	对大师们的观点和著作进行了大量的理论加工,去伪存真、去粗存精,同时有自己独特的体系深度
	德鲁克管理学 张远凤　著	本书以德鲁克管理思想的发展为线索,从一个侧面展示了20世纪管理学的发展历程	通俗易懂,脉络清晰
	王阳明"万物一体"论:从"身－体"的立场看(修订版) 陈立胜　著	以身体哲学分析王阳明思想中的"仁"与"乐"	进一步了解传统文化,了解王阳明的思想
	自我与世界:以问题为中心的现象学运动研究 陈立胜　著	以问题为中心,对现象学运动中的"意向性""自我""他人""身体"及"世界"各核心议题之思想史背景与内在发展理路进行深入细致的分析	深入了解现象学中的几个主要问题
	作为身体哲学的中国古代哲学 张再林　著	上篇为中国古代身体哲学理论体系奠基性部分,下篇对由"上篇"所开出的中国身体哲学理论体系的进一步的阐发和拓展	了解什么是真正原生态意义上的中国哲学,把中国传统哲学与西方传统哲学加以严格区别
	中西哲学的歧异与会通 张再林　著	本书以一种现代解释学的方法,对中国传统哲学内在本质尝试一种全新的和全方位的解读	发掘出掩埋在古老传统形式下的现代特质和活的生命,在此基础上揭示中西哲学"你中有我,我中有你"之旨
	治论:中国古代管理思想 张再林　著	本书主要从儒、法墨三家阐述中国古代管理思想	看人本主义的管理理论如何不留斧痕地克服似乎无法调解的存在于人类社会行为与社会组织中的种种两难和对立
	车过麻城　再晤李贽 张再林　著	系统全面而又简明扼要地展示了李贽独到的学术眼力和超拔的理论建树	帮助读者重新认识李贽的思想
	中国古代政治制度(修订版)上:皇帝制度与中央政府 刘文瑞　著	全面论证了古代皇帝制度的形成和演变的历程	有助于读者从政治制度角度了解中国国情的历史渊源
	中国古代政治制度(修订版)下:地方体制与官僚制度 刘文瑞　著	全面论证了古代地方政府的发展演变过程	有助于读者从政治制度角度了解中国国情的历史渊源
	中国思想文化十八讲(修订版) 张茂泽　著	中国古代的宗教思想文化,如对祖先崇拜、儒家天命观、中国古代关于"神"的讨论等	宗教文化和人生信仰或信念紧密相联,在文化转型时期学习和研究中国宗教文化就有特别的现实意义

续表

思想·文化	**史幼波《大学》讲记** 史幼波　著	用儒释道的观点阐释大学的深刻思想	一本书读懂传统文化经典
	史幼波《周子通书》《太极图说》讲记 史幼波　著	把形而上的宇宙、天地,与形而下的社会、人生、经济、文化等融合在一起	将儒家的一整套学修系统融合起来
	史幼波《中庸》讲记(上下册) 史幼波　著	全面、深入浅出地揭示儒家中庸文化的真谛	儒释道三家思想融会贯通
	梁涛讲《孟子》之万章篇 梁　涛　著	《万章》主要记录孟子与万章的对话,涉及孝道、亲情、友情、出仕为官等	作者的解读能帮助读者更好地理解孟子及儒学
	两晋南北朝十二讲(修订版) 李文才　著	作为一本普及性读物,作者尊重史实,运用“历史心理学”的叙事方法,分 12 个专题对两晋南北朝的历史进行阐述	让读者轻松了解两晋南北朝的历史
	每个中国人身上的春秋基因 史贤龙　著	春秋 368 年(公元前 770 – 公元前 403 年),每一个中国人都可以在这段时期的历史中找到自己的祖先,看到真实发生的事件,同时也看到自己	长情商、识人心
	与《老子》一起思考:德篇 史贤龙　著	打通文史,回归哲慧,纵贯古今,放眼中外,妙语迭出,在当今的老子读本中别具一格	深读有深读的回味,浅尝有浅尝的机敏,可给读者不同的启发
	说服天下:《鬼谷子》的中国沟通术 翟玉忠　著	由内圣而外王,从心力的培育到具体的说服理论,再到生动的说服案例	从商业到军事再到日常生活,沟通说服已经变得越来越重要
	读《管子》,知天下财富:轻重术与中国古典经济思想 翟玉忠　著	中国农业社会规模庞大的市场产生了复杂发展的经济理论——以《管子》轻重十六篇为核心的轻重术	本书分为道、术两大部分,有思想、有谋略,相信你会从中有所收获
	中国商道:从古典商书说开去 翟玉忠　著	对中国先秦和明清两个商品经济大发展时期商业典籍的第一次系统整理和诠释	中华商道一脉相承,造就了无数商业奇迹,成就了无数商业巨子。今人读之,必能获益
	跟陈忠建学写名家书法Ⅰ **跟陈忠建学写名家书法Ⅱ** 陈忠建　著	中国台湾著名书法教育家,用视频手把手教你摹写历代名家笔触	用拟古千字文的形式,学习名家的技巧
	像美国人一样讲话:教你记住 800 句最地道的美语 马方旭　著	本书基本囊括了在美国最常用最地道的 800 习惯用语表达,包含中英双语翻译,以及清晰明了的注解帮助增强记忆,加入视频等流行的记忆方法	易读易懂,趣味十足
	郑子太极拳理拳法 杨竣雄　著	走进郑子太极拳完整训练体系的大门,随着书中另一主角——师父的课程安排与每日功课的练习	当您学完这套书后,在掌握拳架的同时具备诸多正确的太极理念与系统知识
	内功太极拳训练教程 王铁仁　编著	杨式(内功)太极拳(俗称老六路)的详细介绍及具体修炼方法,身心的一次升华	书中含有大量图解并有相关视频供读者同步学习
	中医治心脏病 马宝琳　著	引用众多真实案例,客观真实地讲述了中西医对于心脏病的认识及治疗方法	看完这本书,能为您节约 10 万元医药费